novum ◤ pro

DOROTHEA THEIS

DAS MÄDCHEN
AUS DER UNTERGASSE 13

Autobiographie einer Schwerbehinderten
geboren in den 50er Jahren des
20. Jahrhunderts in Marburg a. d. Lahn

novum pro

Bibliografische Information
der Deutschen Nationalbibliothek:

Die Deutsche Nationalbibliothek
verzeichnet diese Publikation in
der Deutschen Nationalbibliografie.
Detaillierte bibliografische Daten
sind im Internet über
http://www.d-nb.de abrufbar.

Alle Rechte der Verbreitung,
auch durch Film, Funk und Fernsehen,
fotomechanische Wiedergabe,
Tonträger, elektronische Datenträger
und auszugsweisen Nachdruck,
sind vorbehalten.

© 2022 novum Verlag

ISBN 978-3-99107-758-9
Lektorat: Mag. Angelika Mählich
Umschlagfotos: Dorothea Theis;
Kitekit | Dreamstime.com
Umschlaggestaltung, Layout & Satz:
novum Verlag
Innenabbildungen, Autorenfoto:
Dorothea Theis

Die von der Autorin zur Verfügung
gestellten Abbildungen wurden in der
bestmöglichen Qualität gedruckt.

Gedruckt in der Europäischen Union
auf umweltfreundlichem, chlor- und
säurefrei gebleichtem Papier.

www.novumverlag.com

*Auch aus Steinen,
die einem in den Weg gelegt werden,
kann man oft noch was Schönes bauen!*

INHALTSVERZEICHNIS

Vorwort 11

Kapitel I 14
Frühe Kindheit

Kapitel II 48
Die ersten Jahre im neuen Haus
und die Grundschulzeit

Kapitel III 79
Die Gymnasialzeit

Kapitel IV 101
Die Studienzeit in Heidelberg

Kapitel V 109
Studienzeit in Dortmund

Kapitel VI 117
Wartezeit und Referendariat

Kapitel VII 122
Meine Zeit in Gießen

Kapitel VIII 154
Zurück in Marburg

Kapitel IX 171
Reflexion

Kapitel X 186
Abschließende Gedanken

Anhang A 234
Bilder aus meinem
„Behinderten-Cartoon-Büchlein"

Anhang B 248
Aquarelle und sonstige Bilder

Anhang C 258
Cartoons über diverse Themen

Dorothea Theis – Portrait

VORWORT

Wir schreiben das Jahr 2021 und seit etwa 12 Monaten hat eine in vielen Fällen tödliche Pandemie unsere Erde heimgesucht und bereits hunderttausende von Menschen sterben lassen. Unser Planet wird sicherlich aufatmen, wenn er dadurch einige dieser Kreaturen, die ihn durch ihr Verhalten so quälen, loswird, und die Natur wird sich bestimmt erholen. Ich denke, sie kommt ganz ohne sie sogar viel besser zurecht. Es ist wie ein Aderlass, den sich unser Planet, sozusagen als Notbremsung, selbst verordnet, und dieser findet ungefähr alle 100 Jahre einmal statt. Der letzte war von 1918–1920, eine Pandemie mit Namen „Spanische Grippe". Auch davor gab es in Abständen Seuchen, die große Gebiete heimsuchten. Und die Zukunft der Erde und der Menschheit wird wahrscheinlich auch nach dieser berechtigten Attacke der Natur gegen ihre Bewohner eine andere sein.

Ich werde dieses Jahr 67 Jahre alt, lebe wieder in der Stadt, in der ich geboren wurde, und bin durch meine Krankheit schwer gezeichnet. Seit ungefähr drei Jahren sitze ich im Rollstuhl, kann mich kaum noch bewegen, mit meinen Händen fast nichts mehr greifen und ich fühle wie meine Kräfte immer weniger werden.

Ich habe mir einen feststrukturierten Tagesablauf antrainiert, in welchem jeder Handgriff mit möglichen Hilfskniffen eingeübt ist. Er gibt mir ein Gerüst, an dem ich mich an schlechten Tagen festhalten kann. Auch habe ich mein Auto verkauft und den Erlös gegen einen E-Rolli eingetauscht. Jeden Morgen kommt ein Pflegedienst und hilft mir, mich für den Tag fertig zu machen. Bereitet mein Frühstück und hilft etwas bei der Hausarbeit.

Da ich die letzte Überlebende des deutschen Zweiges meiner Familie bin – der noch verbliebene Rest lebt im Nordwesten von Amerika, In Mukilteo im Staat Washington, in einem Gebiet mit hohem indigenen Bevölkerungsanteil in der Nähe von Seattle – habe ich den Entschluss gefasst, mein Leben aufzuschreiben, um es für Menschen, die Interesse haben, zugänglich zu machen. Nachkommen habe ich keine. Und auch, wenn niemand meine Geschichte lesen mag, dann bin ich mein Leben durch das Aufschreiben noch einmal durchgegangen, habe das Erlebte dadurch für mich verarbeitet, und kann mein persönliches Resümee daraus ziehen.

Schön wäre es, wenn ich mit meinem Büchlein der Allgemeinheit die Problematiken eines Schwerbehindertenlebens damit etwas bewusster machen könnte. Und Es würde mich auch sehr freuen, wenn ich durch meine Geschichte ein paar Menschen, die in ihrem Leben ebenfalls mit Schwerbehinderung kämpfen mussten, dadurch eine Möglichkeit aufzeigen könnte, wie man durch einen Wechsel in der eigenen Perspektive und durch Fokussierung auf einen anderen Schwerpunkt, aus einer, vielleicht im ersten Moment noch so negativ erscheinenden Situation, noch etwas Gutes für sich herausziehen, und eventuell aus mancher Not so eine Tugend machen kann.

Der Inhalt dieses kleinen Buches soll ein Geschenk für alle, insbesondere natürlich für behinderte Menschen, sein, die es gerne lesen möchten. Und es soll mein „Footprint" sein, den ich auf dieser Welt hinterlassen möchte.

Auch möchte ich all meinen Leser/innen, ganz gleich ob behindert oder nicht, damit Mut machen, aktiv Ihren Lebensplan in positiver Weise mit zu gestalten, um die ihnen mitgegebenen Veranlagungen und Talente für sich so gut wie nur möglich zu verwirklichen.

KAPITEL I

Frühe Kindheit

Mein Name ist Dorothea.

Ich wurde am frühen Morgen des 13. Juli im Jahr 1954 in Marburg, in einem, wahrscheinlich wegen der zu der Zeit ungewöhnlich vielen Schwangerschaften (Babyboom-Jahre) zu einer Entbindungsklinik umfunktionierten Haus, in der Uferstraße, geboren.

Meine Eltern gaben mir die Namen Dorothea, Gerda, Maria Theis. Mütterlicherseits – Urgroßmutter, Großmutter, Mutter – stammte meine Familie aus einem kleinen Dorf mit Namen Schlackow, in der Nähe von Schlawe, in Pommern. Sie waren durch den II Weltkrieg als Flüchtlinge aus dem Osten in Hessen hängengeblieben, und meine Mutter hatte sich hier mit dem Marburger Heinrich Theis verheiratet, aus deren Ehe ich nun hervor gegangen war. Anfänglich wohnten wir in einem Haus in der Altstadt von Marburg in der Untergasse 13.

Die Untergasse 13

Es ist ein sehr altes Haus, welches über einen Hof an die Stadtmauer angrenzt und dessen große Wohnungen nach dem Krieg zum Teil auf mehrere Familien aufgeteilt worden waren. Wir hatten aber trotzdem im 2. Stock noch eine 3-Zimmer-Wohnung mit Küche, allerdings kein Bad. So etwas gab es nirgendwo im Haus, und die Toilette, eine einzige im gesamten Haus, war ein Plumpsklo auf dem Flur, zwischen der zweiten und dritten Etage gelegen. Immer abwechselnd war es da die Aufgabe der im Haus wohnenden Parteien, genügend Zeitungspapier in postkartengroße Stücke zu zerschneiden, und an den im Klo an der Wand angebrachten Haken, anstelle des damals nicht vorhandenen Toilettenpapiers, anzubringen. Die Hinterlassenschaften fielen in eine Sickergrube, die in bestimmten Abständen, vermutlich alle paar Monate, abgesaugt wurde. Gegenüber der Toilette, auf dem Flur, befand sich dann auch ein kleines Waschbecken zum Händewaschen. Im ziemlich dunklen Hausflur, durch die Flurfenster schaute man auf die direkt angrenzende Hausmauer des Nachbarhauses, roch es immer muffig, nach altem Holz und Bohnerwachs.

Der Keller des alten Hauses war aus dickem Sandstein gemauert, wirkte sehr mittelalterlich und hatte ein nahezu unheimliches Flair. Wenn man die steile Sandsteintreppe hinunterstieg, befand sich linker Hand eine zugemauerte Tür, die vermutlich zu Kriegszeiten, als man den Keller als Luftschutzbunker genutzt hatte, ein Notausgang zum Keller im Nachbarhaus gewesen war. Nach hinten zum Hof in Richtung Stadtmauer befand sich in der Decke ein offenes Eisenrost, durch welches es je nach Wetter und Jahreszeit hereinregnete oder schneite, und von wo man von unten auf den Hof darüber sehen konnte. Auch dort war ein verschütteter Gang, vermutlich hatte der mal in Richtung Stadtmauer geführt.

Auf diesen Hof durfte ich nur in Begleitung einer meiner Omas, zum Beispiel, wenn diese dort Wäsche zum Trocknen aufhängen wollte. Wenn sie mich dann auf die sehr breite Stadtmauer setzten, konnte ich auf die Universitätsstraße hinunterschauen, und genau unter mir die Überreste der im Krieg zerstörten jüdischen Synagoge sehen. Meine hessische Oma erzählte mir, wie sie an dem Tag, als die Nationalsozialisten sie ansteckten, aus dem Schlafzimmerfenster geschaut hatte, und gesehen hatte wie sie brannte. Das im Hof hinter dem Haus niedrige, angebaute Langhaus gehörte der Polsterei Fuß, bei dieser ließen wir uns mal unsere alten Wohnzimmer-Polstermöbel aufhübschen. Und unten Im Erdgeschoß des Vorderhauses, in welchem wir wohnten, befand sich ein kleiner Lebensmittelladen mit seinen Lagerräumen. Er war durch eine Außentür an der Ecke zur Straße begehbar. In den anderen Etagen des Hauses wohnten außer uns und meiner Oma Pfingst, der Mutter meines Vaters und deren Familie, noch eine Familie Mankel und eine Familie Mohr, und im Dachgeschoß eine Frau Brase, sowie einquartierte Weltkriegsflüchtlinge und ein paar Studenten.

Mit in unserer Wohnung in der Untergasse lebte ein Kriegsblinder Student, der Herr Becker, mit seiner Frau in einem Zimmer, und noch eine alte Dame, die ich aber nie zu Gesicht bekam, in den restlichen zwei Zimmern. Die ursprüngliche Küche war ein dunkler, unbewohnter Raum ohne Möbel, der lediglich zum Wasserholen am dortigen einzigen Waschbecken auf der Etage diente. Auf dem Flur der Wohnung befand sich ein großer grüner Kachelofen, der wahrscheinlich mal zum Beheizen der gesamten Wohnung gedient hatte, zu unserer Zeit aber nie genutzt wurde. Wir hatten in jedem Zimmer einen kleinen Kohleofen.

Meine persönliche Erinnerung an dieses Zuhause beginnt sehr früh. Die erste ist eine sehr intime: Meine Mutter saß im Schlafzimmer am Rand des Bettes und hatte mich an ihre Brust gelegt. Ich muss sie wohl beim Trinken mit meinem noch zahnlosen Mund etwas gekniffen haben; denn sie bemerkte: „beiß mich nicht so"! Ein eisiger Willkommensgruß in diese Welt, denke ich dazu heute. Ein Kinderzimmer war zu der damaligen Zeit Luxus, was heißt, es gab keines. Mein Kinderbettchen hatte ich gebraucht von meiner Oma väterlicherseits bekommen. Sie wohnte mit ihren zwei Töchtern und deren drei Kindern, zwei Mädchen und einem Jungen, in der Etage über uns, in zwei kleinen Zimmern mit Küche, einem Teil der dortigen Wohnung. Es stand im Schlafzimmer meiner Eltern, am Fußende des Ehebetts. Wenn ich Mittagsschlaf machen sollte, packte man mich zuerst im Schlafzimmer meiner Oma und Uroma, welches ein kleines vom Wohnzimmer abgetrenntes Kämmerchen war, in eines der dortigen Betten. Das Bettzeug dort war aus Pommern mitgebracht worden, rot-weiß-kariert, aus eigenem Leinen selbst gewebt, und kratzte fürchterlich. Oft brachte man mich dort auch abends ins Bett. Meine Mutter las mir dann noch etwas aus meinem einzigen Märchenbuch vor. Es war ein Buch mit nur einer Geschichte und vielen großen Bildern. Den Text kannte ich schon auswendig, und ich beschwerte mich immer, wenn ich merkte, dass meine Mutter während des Lesens Text unterschlug, um schneller fertig zu werden. Nachdem ich dann eingeschlafen war, trug man mich in mein eigenes Kinderbett im Schlafzimmer meiner Eltern.

Gebadet wurde ich in einer großen runden Schüssel, von der gesagt wurde, sie sei aus dem Blech eines abgestürzten Flugzeuges gestanzt worden, auf dem großen Tisch im Wohnzimmer. Auch meine Windeln bekam ich dort an. Diese waren aus Stoff, wurden nach Gebrauch immer wieder ausgekocht und erneut verwendet. Pampers gab es nicht. Das Wasser zum Baden wurde in unserer Küche mit Wasserkessel auf dem Herd heiß gemacht und kaltes zum Temperieren dazu aus dem Waschbecken in der unbewohnten Küche mit dem einzigen Wasser-Anschluss der Etage geholt. Meine Ernährung bestand aus selbstgekochtem Schoko- oder Vanille-Pudding, Apfelmus, Kartoffelbrei, Grießbrei, Hafersuppe und Kuhmilch. Hipp Babynahrung, etc., war noch nicht erfunden. Dementsprechend kugelrund sah ich auch aus. Süßigkeiten waren jedoch absolut tabu, dafür bekam ich immer frisches Obst der Saison zu essen.

In meinem ersten Lebensjahr lebten die Kinder und Enkelkinder der Mutter meines Vaters noch in der Wohnung über uns bei ihrer Großmutter, der Oma Pfingst. Wolfgang, ihr 10-jähriger Enkel, somit mein Cousin, kam des Öfteren zu uns, um mit mir ein bisschen zu spielen. Ich besitze hiervon noch ein kleines Foto. Auf diesem bin ich, auf einer Decke liegend, zu sehen, wie ich ihn, während er sich zu mir herunterbeugt, an den Haaren ziehe.

Die übrigen Familienmitglieder, außer Oma Pfingst, durften nicht zu mir. Ihre übrigen Enkel waren im Teenager- und Twen- Alter und somit wohl mit anderen Dingen zu sehr beschäftigt. Auch ihre beiden Töchter hatten amerikanische Soldaten als Freunde und waren mit diesen viel „auf Achse".

Altes Foto von Angehörigen der Familie meiner Marburger Oma Pfingst aus den 40ger Jahren. Von links nach rechts: Kleiner Wolfgang, seine Mutter, mein Vater, Oma Pfingst, Wolfgangs Schwester

Mein Onkel, Bruder meiner Mutter, kam samstags zu uns. Er machte zu der Zeit eine Lehre, wurde auf einem Bauernhof in einem Dorf hinter Marburg als Knecht angelernt, und war ein leidenschaftlicher Motorradfahrer. Er war wohl auch etwas rücksichtslos. Mein Cousin Wolfgang musste dies erfahren: Als er einmal auf dem Motorrad von Marburg bis auf seinen Ausbildungshof in Weimar mitfahren durfte, ließ er ihn zu Fuß den langen Weg nachhause zurücklaufen. An einem Samstagabend brachte mein Onkel auch mal ein graubraunes Kaninchen mit. Ich hatte so ein Tierchen noch nie gesehen. Er ließ es auf dem Wohnzimmerfußboden herumhoppeln, und überall wo es gewesen war, lagen auf einmal kleine schwarzbraune Kügelchen, die sahen aus wie Schokolade. Ich probierte eines, aber es schmeckte überhaupt nicht. Schokolade hatte ich, als ich sie mal bei Oma Pfingst bekommen hatte, eigentlich auch anders in Erinnerung. Er nahm das Kaninchen dann wieder mit, es war nicht als Geschenk für mich gedacht gewesen.

Ein Jahr später wanderte die Familie meines Vaters nach Amerika aus, und Oma Pfingst blieb alleine in der Untergasse zurück.

Ich bekam das ganze Spielzeug meines Cousins Wolfgang, seinen alten Teddy, viele Legobausteine, zwei Plastikpuppen, ein Dame-Brettspiel, und ein Spielzeug-Auto, einen großen, grauen Sattelschlepper- Laster, auf den man sich setzen und damit durch die Wohnung fahren konnte. Unsere Oma (Mutter meines Vaters) hatte mir das wohl schon etwas ramponierte Bärchen, bevor sie ihn mir gab, noch etwas verschönert, die abgelutschten Pfötchen mit Stoff umnäht, und anstelle der mittlerweile fehlenden Augen zwei braune Knöpfchen angebracht.

Dann wurde es etwas einsamer um mich herum. Auch mein Onkel kam nicht mehr. Er heiratete und zog nach Sand, einem kleinen Dorf bei Kassel, welches heute den vielversprechenden Namen „Bad Emstal" trägt, weil man dort eine Mineralquelle gefunden hat.

Und ich war dann mit Laufen-lernen beschäftigt. Anfänglich rutschte ich auf meinem Töpfchen durch die Wohnung und malträtierte dabei den Fußboden aus dunkel gebohnerten Eichenbohlen. Einmal krabbelte ich und fand mein Töpfchen mit einer gelben Flüssigkeit drin unter dem Sofa im Wohnzimmer. Sah wie Limo aus, und ich dachte, vielleicht schmeckt das ja, aber es tat es nicht. Habe sowas kein zweites Mal probiert.

*Erstbesitzer Wolfgang mit unserem Teddy,
als er noch neu war*

Als ich dann einigermaßen laufen konnte, durfte ich jeden Morgen, nachdem mich meine Oma aus Pommern gewaschen und angezogen hatte, zu meiner anderen Oma in der Etage über uns. Sie wartete meistens schon auf mich; denn sie litt immer noch sehr am Wegzug ihrer Familie, und ich war nun ihre einzig übriggebliebene Enkeltochter. Während ich bei der Mutter meiner Mutter jetzt nur zu stören schien, nahm mich diese Großmutter überall mit: Wenn sie ihr Bett machte, aufräumte, putzte, sich Frühstück zusammenstellte, einkaufen ging. Oder einfach nur aus dem offenen Fenster des Wohnzimmers, auf ein Kissen gelehnt, auf das Treiben auf der Untergasse schaute. Dies war das Fernsehen der damaligen Zeit. Einen Fernsehapparat hatte noch so gut wie niemand. Man sah höchstens mal einen im Schaufenster eines Geschäftes, vor das sich dann auch gleich eine kleine Menschengruppe zum Schauen ansammelte. Des Öfteren setzte ich mich auch einfach in ihrer Küche auf ein Fußbänkchen vor ihren Lehnstuhl. Und sie, dann dort sitzend, erzählte mir Geschichten aus ihrem Leben. Bei ihr bekam ich gelegentlich auch die in meinem anderen Familienteil für mich verbotenen Süßigkeiten, wie zum Beispiel Pfefferminzschokolade; denn sie liebte Süßes und hatte immer etwas davon zuhause.

Dann war meine Mutter nicht mehr im Mutterschutz, sie arbeitete jetzt bei einer kleinen Firma der Familie Peh, ansässig in einer Holzbaracke auf einer unbebauten Brache hinter dem Krekel am Südbahnhof. Diese stellte einfache Drogeriepräparate, Medikamente, Salben, Klistiere, etc., her. Meine Großmutter holte ihre Tochter täglich nach der Arbeit ab, und nutze dazu den Weg an der Lahn entlang für einen Spaziergang mit mir im Sport-Kinderwagen. Dabei bekam ich von ihr immer die Pflanzen vom Wegesrand erklärt, wie sie hießen, und zu welchem homöopathischen Zweck man sie eventuell verwenden konnte.

Aber irgendwie vermisste ich meine Mutter, sie war nicht mehr für mich da. Ich wurde von nun an von meinen beiden Omas und meiner Uroma erzogen. Meine pommersche Oma nahm mich manchmal auch in die Altstadt zu einer Drogerie Otto mit. Die Ottos waren auch Flüchtlinge aus Pommern, und hatten jetzt in der Straße neben dem Rathaus eine Drogerie, in der der junge Herr Otto als Drogist tätig war. Er war ein „Frohmensch" und hatte immer ein Lächeln für mich übrig. Bei Ottos kauften wir Cremes, Seife, und andere Kurzwaren. Ab und zu ging die Pommern-Oma mit mir dann auch zum Sandkasten vor der Luther-Kirche. Einmal hatte ich von ihr ein orangenes Sandförmchen bekommen, welches ich dort unbedingt ausprobieren wollte; denn es sollte mein absolutes Lieblingsförmchen sein. Ein fremder Junge, der mit im Sand spielte, nahm es mir weg. Seine Mutter bestand darauf, dass es ihm gehört hätte. Ich war ziemlich wütend, konnte aber nichts machen. Meine Oma half mir nicht. Ich war mein schönes Förmchen los.

An den Wochenenden durfte ich morgens zu meinen Eltern ins Bett, etwas toben. Nur Schmusen war irgendwie nie angesagt. Mein Vater ging aber nachmittags mit mir noch spazieren, oder, wenn es einen gab, auf den Rummelplatz. Ich durfte dann mit ihm Autoscooter und Karussell fahren. Er trug mich dort meistens auf seinen Schultern. Ich fühlte mich an diesem Platz sehr wohl, hielt mich mit meinen Händen an seinem Kopf fest, und fand es toll, auf diese Weise größer als die anderen zu sein. So hatte ich einen tollen Überblick über alles um mich herum. Er kaufte mir dann ab und zu auch rosa oder weiße Zuckerwatte.

Als ich etwas älter war, gings auch in den Circus, wenn der in Marburg hinter Weidenhausen oder im Afföller gerade Station gemacht hatte. Das Betrachten der Tiere in ihren Wagen war für mich immer ein ganz besonderes Erlebnis. Manchmal durfte ich mit ihm auch die Vorstellung besuchen, eine Show mit Elefanten, Löwen, Trapezkünstlern, und natürlich dem Circus-Clown.

Mein Vater hatte ein sehr eigentümliches Hobby, welches sich eigentlich nur aus den Mangelzeiten nach dem Krieg erklären lässt: Er sammelte Dinge, die andere weggeworfen oder verloren hatten. Dazu gehörten auch bunte Stofftaschentücher, die Ihrem Besitzer versehentlich aus der

Tasche gefallen waren. So etwas wie Tempotaschentücher aus Papier gab es ja noch nicht. Er hob die verlorenen Taschentücher auf, steckte sie ein, und kochte sie zuhause mit der anderen Kochwäsche aus. So hatten wir immer auch bunte Taschentücher, die unbekannterweise von irgendwoher geflogen gekommen waren.

Die Winter waren damals noch recht kalt und es gab immer viel Schnee. Die kleinen Öfchen in unserer Wohnung gaben nicht viel Wärme, und ich erinnere mich, dass ich oft gefroren habe. Die acht kleinen quadratischen Scheibchen der Wohnzimmerfenster waren morgens oft dick mit Eisblumen überzogen. Ich saß dann davor und taute mit meinen Fingern Löcher in die Eisschicht, um nach draußen sehen zu können. Am Wochenende wurde der alte Rodelschlitten von meinem nach Amerika ausgewanderten Cousin Wolfgang aus dem Keller geholt. Ich wurde draufgesetzt und es ging zusammen mit meinen Eltern hinaus, die Untergasse hinunter, über die Lahnbrücke nach Weidenhausen zum Schlitten fahren. Die Bürgersteige waren damals nicht freigekehrt, höchstens mit der Asche aus den Kohleöfen gegen das Ausrutschen bestreut worden. Und die Luft roch dann immer nach Hausbrand und Kohlestaub.

Mit den Kindern vor dem Haus in der Untergasse spielen durfte ich nicht. Meine Oma aus Pommern, die mit uns in der Wohnung lebte, meinte, diese seien kein Umgang für mich. So durfte ich nur vom Fenster aus mit zusehen, wie sie unten auf dem bis zum Kellergeschoß abgetragenen Haus neben unserem Haus spielten.

Ich erinnere mich, wie ich einmal, am offenen Wohnzimmerfenster sitzend, ein kleines Püppchen von mir auf sie hintuntergeworfen habe, um auf mich aufmerksam zu machen. Natürlich ohne Erfolg. So blieb mir nur übrig, mit meiner Uroma zu spielen. Dazu knotete ich dann mal ein Seil um die Schublade am Küchentisch. Meine Uroma sollte am anderen Ende drehen, damit ich, so wie ich es draußen bei den Kindern gesehen hatte, Seilhüpfen könnte. Dies klappte aber irgendwie nicht. Wahrscheinlich fehlte einfach die dritte Person für das Seilschlagen.

Uroma hat Geburtstag

Am Sonntag ging meine Mutter zusammen mit mir in den Kindergottesdienst in der unterhalb des Schlosses gelegenen, evangelischen Lutherkirche (die Kirche mit dem Schiefen Turm). Sie machte sich dazu immer sehr schick; denn sie leitete eine Kindergruppe, allerdings die älteren, und ich war sehr stolz, eine so hübsche Mama zu haben. Aber dann auch immer sehr verzweifelt, wenn ich merkte, dass ich nicht in ihre Gruppe kam, sondern zu den ganz kleinen bei einer anderen Lehrerin. Nach dem Kindergottesdienst gab es immer ein Bildchen zum Ausmalen und Einkleben in das Kindergottesdienstbüchlein, von der Geschichte aus der Bibel, die gerade erzählt worden war. Der Weg zur Kirche und wieder nachhause führte durch enge verwinkelte Gässchen, und mehrere Treppchen, die auf dem Kirchenvorplatz endeten. Die engen Pfade waren nicht eben, man musste sehr aufpassen wo man hintrat, um nicht zu fallen. Fasziniert haben mich dort immer die kleinen Kopffigürchen, mit denen die Fensterläden an den nahen, alten Häusern festgehalten wurden. Und es roch dort immer so interessant nach Hausflur und Sonntagsessen.

Einmal nach dem Kindergottesdienst, nach dem Schlusslied, da übte der Organist noch weiter an der Orgel, machte mich der Klang des großen Instruments neugierig. Ich bat meine Mutter, mit mir die Treppe zur Empore hochzugehen, um nachzusehen. Was ich sah, faszinierte mich: Ein Mann, der mit Händen und Füßen tolle Töne aus einem riesengroßen Instrument hervorbrachte. Und der mir dann auch noch bereitwillig erklärte, wie es funktionierte. Dieses Erlebnis sollte für mein zukünftiges Leben ein Schlüsselerlebnis sein, was ich damals natürlich noch nicht wissen konnte.

Im Herbst unternahm der Kindergottesdienst immer einen Laternenumzug über den Schlossberg bis hin zur Dammmühle. Ich erinnere mich dabei an nebelige und kühle Abende mit einem letzten Rest von rotem Sonnenuntergang am Horizont. Ich hatte von meiner Mutter eine große bunte Laterne bekommen. Diese wurde dann angezündet, und wir sangen auf dem Weg immer viele schöne Laternenlieder.

Meine Mutter konnte sehr gut zeichnen und malen. Ich wünschte mir immer ein von ihr selbst gemaltes Märchenbuch, aber es wurde irgendwie nie etwas daraus. Sie besuchte auch Volkshochschulmalkurse und ging dann Zwecks der dafür zu machenden Hausaufgaben in die Umgebung von Marburg zum „Landschaften abmalen". Dann nahm sie mich mit und setzte mich mit Stiften und einem Blatt Papier 10 Meter von sich entfernt in die Wiese. Ich sollte auch malen, durfte aber nicht zu ihr kommen und auf ihr Bild schauen.

Von meinen nun in Amerika lebenden Tanten bekam ich schöne Päckchen geschickt, mit Malbüchern zum Ausmalen von Indianern, Cowboys, und den Landschaften, in denen diese lebten. Auch Schokolade, die einmal ungenießbar war, weil das Päckchen mit dem Schiff gekommen und auf dem Weg irgendwie nass geworden war. Salzwasserschokolade war das dann, und diese schmeckte scheußlich.

Ich lag damals oft auf der Couch im Wohnzimmer und malte. Meistens das Marburger Schloss, welches ich immer ganz nah und groß sehen konnte, wenn ich bei der Oma Pfingst aus dem Küchenfenster schaute. Natürlich malte ich in diesem Alter noch im Kleinkindstil und die Wurzeln der Bäume waren da auch immer mit drauf. Einmal kann ich mich entsinnen, dass ich, als ich mit meiner Mutter in Weidenhausen auf einem Spielplatz war, mir einen Stock angelte, und mit diesem das Schloss, welches man von dort gut sehen konnte, auf den Spielplatzboden ritzte. Alle dort anwesenden Kinder standen da um mich herum.

Mein Vater spielte am Wochenende viel mit mir, wir bauten aus den Legosteinchen meines Cousins Wolfgang kleine Häuschen. Er brachte mir das Dame-Spiel bei und ließ mich anfänglich wohl auch des Öfteren gewinnen. Oder wir hörten zusammen Radio: Musik und Kinderstunde-Hörspiele. Aus der Zeitung HÖRZU zeigte er mir immer die Seite, auf der zwei identische

Gemälde nebeneinander abgebildet waren: Das eine war das Original, in das andere waren kleine Fehler eingebaut worden, die man heraussuchen musste. Da hatte dann einer nur ein halbes Ohr, oder bei einem Baum fehlte ein Ästchen oder eine Person hatte anders farbige Schuhe als im Original. Die Aufgabe bestand darin, die Fehler zu finden und anzukreuzen. Er konnte auch gut Mundharmonika spielen. Und er baute mir eine Puppenstube, ein Häuschen mit mehreren Zimmerchen, für die ich die passenden kleinen Möbel und Püppchen vom ihm gekauft bekam.

Zu der Zeit begann ich immer öfter zu nerven: ich wollte lesen lernen, damit ich mein Märchenbuch selber lesen könne, sagte ich. Aber man wiegelte ab. Ich sei noch viel zu jung, dazu hätte ich noch mehrere Jahre Zeit. Wenn man mir das jetzt schon beibrächte, dann würde ich später in der Schule nicht aufpassen, argumentierte man.

Auf dem Dachboden in der Untergasse hatte mein Vater ein kleines, vom Wäscheboden abgetrenntes und als Fotolabor eingerichtetes Kämmerchen, in dem er immer seine selbst geknipsten Fotos entwickelte. Ich durfte oft dabei sein und zusehen, wie aus den Negativen richtige Bilder wurden. Er war ein leidenschaftlicher Hobbyfotograf und kaufte für seine nach Amerika ausgewanderte Familie einmal eine teure Leica-Kamera, mit der er, bevor sie nach Amerika geschickt wurde, noch ein paar Probeaufnahmen von unserer deutschen Familie machte. Der Qualitätsunterschied zu seinen Fotos war enorm, er hatte den Film auch zum Entwickeln ins Geschäft bringen müssen. In Papas Fotokämmerchen habe ich zum ersten Mal auch Wolfgangs Teddybären sitzen gesehen, bevor ich ihn dann bekam.

Ebenfalls auf dieser Etage unter dem Dach wohnte Frau Brase. Sie ging im Frühjahr, wenn die ersten Gräser und Kräuter auf den Wiesen zu sprießen begannen, immer hinaus, um die essbaren zu sammeln. Wenn sie danach zurückkam, wurden die kleinen grünen Blättchen am einzigen Waschbecken im Flur sorgfältig gewaschen und sortiert. Ich war immer dabei, und bekam ab und zu auch mal einen kleinen Sauerampfer zum Probieren von ihr. Wahrscheinlich machte sie Grüne Soße, ein typisch hessisches Frühlingsessen, daraus.

Mein Vater arbeitete in der Woche bei den Amerikanern, der EES (European Exchange Service), die zu dieser Zeit noch im Norden Marburgs, später jedoch nördlich von Gießen ansässig war. Ab dann musste er täglich erst zum Bahnhof laufen und dann mit dem Zug nach Gießen fahren. Irgendwann fand sich aber auch ein Kollege, mit Namen Herr Fehlberg, der ihn in seinem Auto zur Arbeit nach Gießen mitnahm.

Bei uns zuhause wurde zwischen Mama, Oma und Uroma Pommersches Platt gesprochen. Es war ein Dialekt, der dem Ostfriesischen ähnlich, auch heute noch über die ganze Ost- und Nordseeküste mit nur minimalen Abweichungen, je nach geographischer Verortung, verbreitet ist. Ich verstand ihn, durfte aber selbst nur Hochdeutsch reden. Damit ich später in der Schule nicht durcheinanderkommen würde, hieß es.

An Weihnachten holten wir die andere Oma (Pfingst) aus der Wohnung über uns zu uns. Sie litt noch sehr am Wegzug der Familie, und war froh, an diesem Tag nicht alleine bleiben zu müssen. Es gab immer einen schönen Weihnachtsbaum, und Mama verkleidete sich als Knecht-Ruprecht, Gehilfe des Weihnachtsmannes, und brachte kleine Geschenke.

Mitglieder der Familie Mankel unter uns kamen auch manchmal zu Besuch. Der Mann war Restaurator und verschönerte zu der Zeit die alten Möbel und Wände des Barockschlosses in Weilburg. Als ich dies hörte, wollte ich, wenn ich dann erwachsen wäre, unbedingt auch Restauratorin werden.

Meine Eltern mieteten im Afföller, im Norden von Marburg, einen Schrebergarten, zu welchem sie an den Wochenenden immer an der Lahn entlang, mit mir noch im Sportwagen; denn soweit konnte ich noch nicht laufen, hinwanderten. Dort wurden frisches Gemüse und Kartoffeln gezogen und es brauchte lediglich nur noch Brot, Milch und Fleisch dazu gekauft werden, um unseren Lebensmittelvorrat komplett zu haben. Vor der Schüssel unter der Pumpe im Garten hatte ich Angst. Man hatte mal versucht, meine Füße dort zu waschen, und der Boden der Schüssel erschien mir da so unheimlich schwarz. Aber die angrenzende Hecke mit Himbeeren mochte ich sehr, auch wenn ich nach dem ersten Mal Himbeeren-Essen davon einen ziemlichen Ausschlag bekam. Danach konnte ich sie aber gut vertragen.

An einem Samstagnachmittag im Sommer wanderte mein pommerscher Familienteil mit mir im Kinderwagen wieder zum Schrebergarten. Meine Mutter hatte vorher noch in einem Lebensmittelgeschäft eine große Tüte mit Pfirsichen gekauft, die wir im Garten dann essen wollten. Ich war krank gewesen, und noch gar nicht wieder gut drauf. Mein Vater hatte seinen Fotoapparat mit und wollte ein Bild von mir, auf dem Rasen sitzend, machen. Ich weiß noch, ich konnte noch nicht wieder richtig alleine sitzen, und meine Mutter musste mich von der Seite stützen. Auf dem an dieser Stelle entstandenen Bild, welches noch Jahre lang vergrößert bei uns an der Wand hing, ist, wenn man genau hinsieht, an der Seite ein kleines Stückchen ihrer Hand sichtbar. Ich weiß noch heute wie es war, als sie mich für das Foto aufrichtete. Heute steht das Bild in einem silbernen Rahmen bei mir im Wohnzimmer auf dem Klavier.

Ich sitze im Schrebergarten auf dem Rasen

Danach aßen wir die Pfirsiche, und mein Vater machte ein kleines Beet, in welches wir die Pfirsichkerne steckten. Daraus sind später viele Pfirsichbäumchen gewachsen, die wir auch auf unser späteres Grundstück in der Großseelheimer Straße mitgenommen haben. Von deren Enkelgeneration steht heute noch ein Pfirsichbaum in meinem Garten.

In der Afföller Straße gab es einen Abdecker mit Namen Röll, der alte Pferde und andere Tiere, die der Metzger nicht nahm, schlachtete. Sie hatten einen kleinen Jungen in meinem Alter, und wir trafen uns des Öfteren, wenn wir zu unserm Schrebergarten gingen, im Schülerpark, der auf dem Weg lag. Dieser war damals noch doppelt so groß, da die Universität noch nichts an Gelände davon für sich beansprucht hatte. Dieser kleine Junge sollte der Stiefbruder von einem Mann werden, der mich später ein sehr langes Stück meines Lebens freundschaftlich begleiten würde.

Von Rölls bekamen wir mal Pferdefleisch. Ich fand es dann auf einem Stuhl in einer Ecke neben der Küchentür. Es waren riesengroße Fleischstücke und man hatte sie in meine runde Badeschüssel gepackt. Die Fleischstücke waren unheimlich groß und blutig, und als sie als Rouladen zubereitet auf dem Tisch standen, haben sie mir gar nicht geschmeckt. Ich mochte sie nicht essen, sie schmeckten so komisch süßlich.

Ab und zu besuchten wir die Familie Hesse, auch Flüchtlinge aus dem Osten. Diese waren in einem Studentenverbindungshaus, am Berg des Wehrdaer Weges, untergebracht worden, und der Mann hatte dort Hausmeistertätigkeiten übernommen. Das Verbindungshaus war eine tolle Villa mit einer großen Empfangshalle mit offenem Kamin im Eingangsbereich, in der wir uns dann immer aufhielten. Sie hatten auch einen Wachhund, es war ein Schäferhund mit Namen Hasso, welcher draußen im Hof sein Hüttchen hatte. Hasso war ganz verrückt nach mir, es muss wohl irgendwie am Duft meiner Windeln gelegen haben; denn er lief ständig hinter mir her und ließ sich von mir kraulen. Er war zu der Zeit größer als ich, aber ich hatte keine Angst vor großen Tieren und freundete mich schnell mit ihm an.

Oft verfolgte er uns, wenn wir nachhause gingen, stand dann heulend vor dem Haus in der Untergasse, und Mama musste ihn zurück zum Wehrdaer Weg jagen. Ich war dabei ganz unglücklich; denn ich stellte mir immer vor, wie er ganz alleine durch die Gassen der Altstadt zurücklaufen musste. Jahre später war die Familie Hesse aus Marburg weggezogen, sie hatten jetzt einen

Bauernhof in Schweinsberg, und wir besuchten sie dort mal. Ich fragte dann auch sofort nach Hasso, aber man sagte mir, der sei gestorben.

Heute in Marburg habe ich in meinem neuen behindertengerecht umgebauten Badezimmer einen Fußboden aus polierten und blaugrau eingefärbten natürlichen Kalksteinfliesen. Dessen Marmorierung lässt, ganz besonders auf einer Fliese, wenn ich genau hinsehe, vor meinem geistigen Auge so etwas wie das Gesicht eines Schäferhundes oder Wolfes entstehen. Habe auch schon meine Mädchen vom Pflegedienst gefragt, ob sie auf dieser Fliese in der Marmorierung vielleicht etwas erkennen können, und wenn ja, was. Sie sagten immer dasselbe: Ein Hundegesicht. Es ist wohl das gleiche Phänomen, durch welches wir in Wolken am Himmel manchmal Gesichter zu erkennen glauben. Vielleicht ist ja zu Urzeiten, als die Fliesen noch Schlamm am Boden irgendeines Tümpels waren, dort mal ein Wolf ertrunken, dessen Strukturen sich jetzt auf diese Weise widerspiegeln? Ich denke dann, sieht aus wie damals Hasso: Er scheint auf mich aufpassen zu wollen, wie zu der Zeit, als ich klein war.

Als ich etwas älter war und schon ein längeres Stückchen laufen konnte, wurde es meine Aufgabe, einkaufen zu gehen. Ich wurde mit einem Zettel losgeschickt, der Weg war nicht weit: Ein Metzger mit Namen Hellmann hatte seinen Laden auf der Untergasse quer über die Straße, ein kleines Lebensmittelgeschäft war unten im Haus, und zum Bäcker und Milchmann musste man lediglich um die Ecke den Hirschberg hinauf gehen. So wurde ich mit der Milchkanne in der Hand den Berg hochgeschickt. Zum Metzger Hellmann, quer über die Untergasse, ging ich gerne; denn dort bekam ich immer ein kleines Stückchen Fleischwurst geschenkt.

Meine Oma aus Pommern kochte norddeutsche Gerichte, wie z. B. Steckrüben mit Thymian, Salzkartoffeln und mitgekochtem Schweinebauch; Grünkohl mit Speck und Kartoffeln oder Frikadellen (pommersch' „Flinzen" genannt), auch Bratwurst mit Wirsing und Kartoffeln.

Am Tisch durfte ich nicht sprechen. Ich durfte auch nicht eher aufstehen, bis ich meinen Teller, den ich immer aufgefüllt bekam, leergegessen hatte. Und ich musste dann mit „bitte" fragen, ob es erlaubt war aufzustehen. Schrecklich fand ich immer die Brotsuppen mit warmer Milch oder sogar mit Buttermilch. Letztere Variante roch immer so scheußlich, aber meine Mutter war ganz begeistert davon. Mich musste man ständig dazu prügeln, was auch geschah; denn das Schlagen von Kindern war in meiner Familie noch absolut üblich. Dazu wurde immer die „Schlur", hochdeutsch der „Pantoffel", ausgezogen und dazu als Werkzeug verwendet. Der Pantoffel sei nicht so hart wie ein Stock, hieß es.

Ich wünschte mir immer ein Brüderchen oder ein Schwesterchen. Man sagte mir, dazu müsse ich für den Storch, der ja die Babys brächte, kleine Zuckerkügelchen auf die Fensterbank legen. Die Zuckerkügelchen legte ich aus, aber ein Geschwisterchen kam nie. Ich glaube, der Storch hatte was gegen mich. Meine Zuckerkügelchen waren jedoch immer weg. Das machte mich unendlich traurig.

Meine Oma aus Pommern versuchte dann, mir einen Kindergartenplatz zu besorgen, und ging mit mir zu einem Kindergarten im Südviertel der Stadt. Ich fand es ganz toll dort, so viel Spielzeug auf einmal hatte ich noch nie gesehen, und dann hätte ich ja auch die langersehnten Spielkameraden. Aber die Leiterin winkte ab, für mich hätten sie keinen Platz, hieß es; denn ich hätte doch eine Oma, die nach mir sehen könnte. Als Trost bekam ich ein kleines Bildchen geschenkt, und wir wurden zur Tür geführt. Ich weinte vor Wut und schmiss das Bildchen in die nächstbeste Mülltonne.

Diese Oma strickte mir auch für den Winter immer lange Strümpfe aus dünner kakaobrauner Wolle. So richtig perfekt, mit eingearbeiteter Ferse und abgenommenen Maschen an der Fußspitze. Diese waren mit einem Strumpfhaltergürtel, an welchem an jeder Seite zwei Gummibändchen mit Knopflöchern befestigt waren, zu tragen. An den Strümpfen wurden oben am Rand dann jeweils zwei Knöpfchen angenäht, die in die Knopflöcher der Gummibändchen passten. Die Strümpfe waren schön warm. Aber wehe, wenn ich bei meinen Einkaufstouren gefallen war, hatte mir die Knie aufgeschlagen, und die Strümpfe hatten dadurch ein Loch bekommen. Dann kam die Oma mit der „Schlur" und ich bekam den Hintern versohlt, weil ich ihr „Kunstwerk" beschädigt hatte, und sie jetzt stopfen musste.

Dann wurde alles anders, mein Vater kam nicht mehr, um mit mir zu spielen, und auch die schönen Samstagabendessen, an denen es immer echten heißen Kakao zu trinken gab, fielen weniger reichhaltig aus. Meine Oma habe eine große Summe Geld als Lastenausgleich für ihren verlorenen Bauernhof in Pommern bekommen, hieß es. Von diesem Geld habe sie im Nordosten von Marburg ein Grundstück gekauft, auf welchen nun wieder ein eigenes Haus gebaut werden sollte. In der Größe wenigstens so lang, wie das in Pommern an der Giebelseite breit war, sollte es werden. Papa sei am Wochenende dort, schlafe im Bauwagen, und helfe bei den Arbeiten. Auch der Schrebergarten wurde jetzt nicht mehr so oft besucht und schließlich gekündigt. Das Gemüse wurde von nun an auf dem neuen eigenen Grundstück gezogen.

Man nahm mich dort auch mit hin. Es ging mit dem Bus vom Erlenring aus den Cappeler Berg hinauf und dann links eine Landstraße mit Straßengräben und Apfelbäumen an beiden Seiten, mit dem Namen Großseelheimerstraße, bergan. Einige wenige Häuser standen dort, ein alter Turm, Pulverturm genannt, und eine Schäferei vor einem angrenzenden Wald. Und viele Felder gab es. Ganz oben auf dem Berg war eine kleine Siedlung, die Hansenhaussiedlung, gegründet im Jahr 1934, und benannt nach den sich dort befindlichen Ausflugslokalen Hansenhaus Links und Hansenhaus Rechts.

Unser Grundstück war ein ziemlich großes, am Ende einer Doppelhausreihe aus den 30ger Jahren und einem kleinen fachwerkartigen Haus. Und ich sah, dass mein Vater am hinteren Ende des Bauplatzes mit einer Schippe ein großes tiefes Loch für den Keller des Hauses gegraben hatte. Die Erde hieraus hatte er mit dem Schubkarren herausgefahren und auf einem hohen Haufen davor aufgetürmt. Auf diesem zog meine Oma jetzt Gemüse und Kartoffeln und es blühten auch schöne Blumen dort.

In den nächsten beiden Jahren wuchs das Haus langsam in die Höhe. Ein Ein-Familien-Haus sollte es werden, mit Einlieger-Wohnung im ersten Stock, für meine pommersche Oma, die ja die Bauherrin war, und meine Uroma, ihre Mutter.

Im Jahr 1959, ich war jetzt 5 Jahre alt, war es dann im Sommer soweit: wir packten unsere Sachen in der Untergasse, bestellten ein Umzugsunternehmen und zogen ins fertige Häuschen in der Großseelheimer Straße.

Der Umzugstag gestaltete sich für mich als ein ziemliches Durcheinander. Plötzlich waren fremde Leute bei uns in der Wohnung, die unsere Möbel wegtrugen und in ein großes Auto unten auf der Untergasse packten. Meine Oma war immer abwechselnd anwesend und dann wieder für ein paar Stunden weg. Und wenn sie ging, hatte sie die Hände immer voll mit irgendwelchen Gegenständen und Taschen. Sie fahre in die Großseelheimer Straße und bringe alles dort hin, sagte sie. Ich wollte auch mitfahren, und beschloss auf die Untergasse hinunter zu laufen, mich an der

Ecke in der Tür des Lebensmittelgeschäftes im Haus zu verstecken. Ich wollte die Oma, wenn sie dann vorbeikäme, überraschen. Aber es dauerte und dauerte, und keine Oma kam. Sie war die Untergasse zur anderen Seite, Richtung Universitätsstraße, zur Bushaltestelle gegangen. Nur dass ich dies zu der Zeit noch nicht wusste.

Nach einiger Zeit fasste ich den unguten Entschluss, mich alleine auf den Weg zu machen und lief die Untergasse hinunter Richtung Rudolfsplatz. Unten an der Straße war ein Fußgängerüberweg, und da stand zu dieser Zeit immer ein Schutzmann, der den Verkehr regelte. Entweder ließ er die Autos durchfahren oder er leitete die Fußgänger in bestimmten Abständen über die Straße. Diesem fiel ich auf, als ich so ganz alleine ohne erwachsene Begleitung am Straßenrand stand. Er verließ seine Verkehrsinsel, kam zu mir und fragte mich, wo ich denn hinwolle. Ich erzählte und mein Ausflug nahm ein schnelles Ende. Er verfrachtete mich in die Apotheke an der Ecke und ließ meine Leute in der Untergasse von meinem Abenteuer benachrichtigen. Meine Oma holte mich dann später ab, nachdem sie wieder aus dem neuen Haus zurückgekommen war. Sie schimpfte fürchterlich, und dann fuhren wir zusammen mit dem Bus in die Großseelheimer Straße.

KAPITEL II

Die ersten Jahre im neuen Haus und die Grundschulzeit

Ich war in diesem Sommer fünf Jahre alt geworden und wir wohnten im neuen eigenen Haus!

Hier begannen zwei meiner schönsten Lebensjahre. Alles war neu und ich durfte das Haus verlassen und im Garten und sogar in der gesamten Siedlung spielen! Ein völlig neuartiges und tolles Lebensgefühl. Ich nahm Wolfgangs Spielzeug und machte damit zuerst den Garten unsicher. Setzte mich auf sein großes graues Lastauto und fuhr, darauf sitzend, den langen Gartenweg hinunter, oder spielte in meinem eigenen Sandkasten hinter dem Haus. Dort verlief hinter unserem Garten ein Gässchen zwischen den sich anschließenden Gärten der Häuser von der Gebrüder-Grimm-Straße hinter uns. Meine Mutter und mein Vater gingen arbeiten und meine Oma war mit der Inneneinrichtung des Hauses, dem Haushalt und der Betreuung der Uroma, die zu dieser Zeit noch etwas in der Küche mithelfen konnte, beschäftigt.

So machte ich mich auf den Weg, die neue Umgebung zu erkunden, und um Spielkameraden zu finden. Wenn ich die kleine Gasse zwischen den Gärten hinter unserem Haus, zu der Zeit war es ein kleiner Trampelpfad mit viel Unkraut links und rechts, heute komplett gepflastert und ohne jegliches Kräutlein, für dessen Zustand jeder Anwohner für seinen Teil zu sorgen hat, Richtung Süden herunterlief, gelangte ich am Ende des Weges auf einen recht breiten geteerten Weg. Dieser war auf der einen Seite mit Linden bepflanzt und führte vom Wald im Westen, mit Blick auf die Stadt, die Großseelheimer Str. kreuzend, bis zum Wald des damals noch nicht bebauten Richtsberges im Osten der Siedlung. Von diesen Bäumen pflückte meine Oma zusammen mit mir dann, wenn die Linden blühten, immer die Blüten für den Lindenblütentee, welcher ganz hervorragend schmeckte und, wie sie sagte, eine heilende Wirkung bei Erkältung haben sollte. Am dortigen östlichen Waldrand gab es, für mich wiederum sehr interessant, neben zwei neuen Häuserblocks, einen kleinen Kinderspielplatz. Ansonsten breiteten sich neben dem Lindenweg noch die Felder aus. Sie wurden aber nicht mehr bearbeitet, waren Bauland, und es wuchsen jetzt viele wilde Kräuter, wie Scharfgarbe und Kamille, auf ihnen. Meine Oma war auch dort mit Sammeln aktiv, und wir bekamen so unseren Kamillentee. Ich lernte hier: Die mit den hohen gelben Hütchen in der Mitte dürfe man nehmen, die mit der flachen gelben Mitte nicht, das sei „Hundskamille" und ohne Heilwirkung bei Entzündungen.

Hinten am Wald hinter dem Spielplatz führte ein unbearbeiteter Weg mit vielen tiefen Furchen in den Wald hinein und einen steilen Berg hinauf. Er war nicht begehbar, wirkte, als wäre auf im einmal eine Schlammlawine zu Tal gegangen, und hätte sich tief in den Hang eingegraben. Zur rechten Hand standen dort, über einer etwa eineinhalb Meter hohen Abbruchkante, große alte Fichten. An der linken Seite waren junge, mittlerweile etwa zwanzig Jahre alte, Tännchen gepflanzt worden. Oben im alten Wald kreuzten sich mehrere Waldwege und dort stand ein Holzhüttchen, welches das „Elisabethhüttchen" genannt wurde. Von dort führten Wege durch den Wald Richtung Schröck zum Elisabethbrunnen und hoch in die Lahnberge zum Sonnenblicksanatorium. Die Heilige Elisabeth habe dort auf ihrem Weg von der Stadt zum Brunnen am Waldrand von Schröck immer gerastet, war dort auf einer Tafel zu lesen.

Das Elisabeth-Hüttchen
*Von links nach rechts: Meine Mutter, mein Vater,
meine Tante aus Amerika und vorne links ich*

Das Gässchen hinter dem Haus wurde für mich die Basisplattform, von der aus ich meine Erkundungen ins Umfeld startete. Links von unserem Grundstück, die Großseelheimer Straße hinauf, waren noch etwa vier Bauplätze frei. Danach gab es wieder ein paar alte Doppelhäuschen. Im ersten davon lebte die Familie Heldmann mit Großmutter, Mutter und zwei Kindern, einem

Mädchen und einem etwas älteren Jungen. Das Mädchen hieß Renate und wurde meine erste Freundin. Ich hatte keine Scheu, ging in die Gärten und stellte mich den dort wohnenden Leuten vor. Fragte nach, ob es jemand in meinem Alter gäbe, mit dem ich spielen könnte. Neben Renate fand sich noch eine Anita Block aus der Häuserreihe hinter uns, und ein Peter Gerhard mit seinem ein paar Jahre jüngeren Bruder.

Die Gerhards schienen es nicht so gerne zu sehen, wenn ich zum Spielen kam, vielleicht, weil ich ein Mädchen war. Aber ich spielte gerne mit Jungen, mein allererster Spielkamerad war ja auch einer, nämlich mein Cousin Wolfgang, gewesen. Und die Jungen hatten, fand ich, einfach interessantere Spiele und schöneres Spielzeug. Nach einem Jahr wurde Peter dann aber eingeschult und war vormittags nicht mehr da. So verlief sich diese Spielgelegenheit leider im Sand. Auch Renate musste jetzt in die Schule und konnte nun vormittags nicht mehr mit mir spielen, aber diese Freundschaft blieb bestehen.

Die Heldmanns hatten in ihrem Garten, in einem Schuppen, einen kleinen Lebensmittelladen eingerichtet, der allerdings dann bald aufgelöst wurde. Ich denke es war, nachdem die Oma der Heldmanns gestorben war. Ansonsten gab es auf der Großseelheimer Straße, auf der gegenüberliegenden Seite am oberen Ende, an dem die Straße in Serpentinen neben dem Forsthaus bergauf im Wald verschwand, eine Metzgerei Pusch und daneben den Bäcker Renz. Und unterhalb von uns, an der Ecke zur Lindenallee, noch das kleine Lebensmittelgeschäft der Familie Bernhard.

Die Serpentinenstraße, die sich hinter der Bäckerei in den Wald hinauf schlängelte, war wunderschön. Dort gab es auch noch einen Fußweg mit vielen Stufen, der die kurvige Waldstraße senkrecht nach oben durchschnitt, bis zum Sanatorium Sonnenblick. Der Boden in diesem Wald war mit meterhohem Wurmfarn überzogen und hatte somit für mich irgendwie etwas Urzeitliches. Auch gab es zwischen jeder Serpentine am Wegesrand irgendwo einen riesigen Ameisenhaufen vom Völkchen der großen roten Waldameise, die ihre Eier, wenn die Sonne schien, nach draußen brachten, um sie dort wärmen zu lassen.

Wenn man mich einkaufen schickte, brauchte ich nur entweder ein paar hundert Meter die Landstraße nach links hinunter zu gehen, um Milch, Nudeln, und andere Dinge zu bekommen. Oder etwa die gleiche Strecke bergan für ein Brot oder ein Stückchen Fleisch. Ich lief damals viel barfuß, kann mich fast nur an sehr sonnenreiche Tage mit blauem Himmel und sehr warmen Temperaturen erinnern, an denen der Teer der Landstraße an manchen Stellen schmolz und an meinen Füßen kleben blieb. Meine Oma schmierte dann immer Margarine darauf, dann ging der Teer wieder ab. Hinter unserem Haus, im Gässchen, hatte mein Vater diesen Teil gänzlich von Unkraut befreit und mit Split aufgefüllt. Barfuß hierüber zu laufen war gefühlsmäßig ein Erlebnis, es förderte auf alle Fälle die Durchblutung der Füße.

1960 kam meine Tante Rösi aus Amerika zu Besuch, um sich unser neues Haus anzusehen. Damals stand der Dollar 1:4, was so viel bedeutet, wie für 1 Dollar bekam man 4 DM, und für 4 DM konnte man damals in Deutschland noch viel kaufen. Fast jeder Amerikaner schwärmte uns Deutschen da das reiche Amerika vor. Ich bekam von meiner Tante eine große Babypuppe geschenkt, der konnte man das Fläschchen geben, und dann machte sie Pipi in die Windeln! Toll, ich taufte sie „Franz".

Meine Familie und ich mit meiner neuen Puppe Franz auf der Veranda. Von links nach rechts und von hinten nach vorne: Meine Tante aus Amerika, meine Mutter, mein Vater, Oma Pfingst, die pommersche Oma, eine Großtante und ich mit neuem Püppchen Franz.

Und außerdem war zu der Zeit in Amerika der Petticoat in, also bekam ich auch einen, den ich dann immer unter meinem himmelblauen Perlonkleid trug. Meine Oma hatte es mir, mit mehreren Zusatzsäumen versehen, genäht. Diese konnte man, je nachdem wie ich wuchs, immer mehr auslassen, so dass das Kleid quasi mit mir größer wurde.

Mein mitwachsendes Perlonkleid

Unsere Nachbarn an der rechten Seite, im letzten älteren Haus der Siedlung nach der Reihe der Doppelhäuschen, waren die Kneissl's, sie waren von den Tschechen aus dem Egerland vertrieben worden. Herr Kneissl war Krankenpfleger am Sanatorium Sonnenblick, seine Frau Aloisia Hausfrau, und sie hatten eine erwachsene Tochter. Bei Frau Kneissl war ich oft zu Besuch und sie erzählte mir viel aus ihrem Leben. Ich war auch viel bei deren Nachbarn, dem Herrn Funke und der alten Frau Stanulla, die bei ihm in einem kleinen Dachkämmerchen wohnte und eine Katze hatte. Herr Funkes Garten war verwildert wie ein Urwald. Für die Katze bestimmt genial, da das für mich damals bis zum Bauch hohe Gras zwischen den alten Obstbäumen wahrscheinlich die Heimat von Massen von Mäusen war. Die Katze kam somit bestimmt immer schnell an Ihr Frühstück. Das Grundstück links von uns war unbebaut und an ein altes Ehepaar mit Namen Hecht als Garten vermietet. Hinter uns war das Grundstück einer Familie, die genauso so hieß, wie das Studentenpärchen bei uns in der Wohnung in der Untergasse, nämlich Becker. Sie hatten eine schwerbehinderte Tochter, mit Namen Gretchen. Diese nahm immer noch nach alter Gewohnheit, wie zu der Zeit als unser Grundstück noch nicht verkauft und offenes Land war, die Abkürzung durch unseren Garten, um auf die Großseelheimer Straße zu kommen. Bis wir dann unser hinteres Gartentürchen mit einem Schloss versahen und ihr somit den Weg versperrten.

Rechts neben Beckers lebte der Gärtner Hecker. Er hatte ein riesengroßes Gewächshaus in seinem Garten und von ihm bekamen wir oft unsere Pflanzen. Er zeigte mir mal eine ägyptische Papyruspflanze. Da war ich ganz enttäuscht, dass aus so etwas mickrigem die alten Ägypter Papier gemacht haben sollten. Aber vielleicht war sie auch nur so mickrig, weil sie in einem Topf gehalten wurde, und im Original in Ägypten viel stattlicher.

Meine Oma war, vermutlich aufgrund ihres früheren Lebens als Bäuerin in Pommern, jetzt eine begnadete Hobbygärtnerin geworden: Auf unserem Grundstück wuchsen die tollsten Blumen, wie zum Beispiel, Astern, Dahlien, Stiefmütterchen, Rosen, Clematis und Hortensien in allen Farben, ebenso Finger- und Eisenhut. Und ihr Schwager, mein Großonkel Emil, und Gärtner bei den Diakonissen in Wehrda, besorgte uns alle erdenklichen Obstbäume und pflanzte und veredelte sie in unserem Garten. Dieser wurde damals in erster Linie auch für den Gemüseanbau genutzt. Rosen- Blumen- Grünkohl und Weißkraut sowie Rotkohl, Gurken, Tomaten, Radieschen, Zwiebeln und alle möglichen Sorten von Salat gab es auf großen Beeten. Und eine Seite war zu der einen Hälfte als Erdbeer- und zur anderen Hälfte als Kartoffelfeld angelegt. Im Sommer war dort dann immer Kartoffelkäfer absammeln angesagt. Hinter dem Haus gab es eine kleine Spielwiese, sowie eine große Veranda mit Steingarten drumherum. Auf dieser sonnte sich mein Vater an den Wochenenden manchmal. Viel Zeit dazu hatte er damals allerdings nicht; denn die Feinarbeiten am Haus waren noch nicht alle erledigt und verbrauchten zusätzlich seine ganze Kraft.

Die Oma hatte sich auch sieben Hühner angeschafft. Diese schliefen im Keller unter den beiden Badezimmern des Hauses auf hohen Stangen. Sie hatten dort auch ein Nest zum Eierlegen. Wenn dann ein Huhn auf dem Nest saß, war ich, neugierig wie ich war, oft dabei, um zuzusehen, wie das Ei hinten aus dem Huhn herauskam. (was das Huhn sich wohl dabei gedacht hat, als ich ihm die Federn beiseiteschob, und dann so ganz lange sehr intensiv auf den Po starrte?) Sie waren jedenfalls immer begierige Empfänger der abgesammelten Kartoffelkäfer, und ich habe auch sonst viel mit ihnen gespielt.

Als wir einmal sogar einen bunten Hahn dabeihatten, wurde der von mir dressiert, so dass er auf Anruf auf meinen ausgestreckten Arm flog. Ich gab ihm den Namen Hänschen. Tragisch war dann nur, als er eines Tages bei uns als Mittagessen auf dem Küchentisch auftauchte. Mein Vater hatte ihn schlachten müssen; denn die Nachbarn hatten sich beschwert, weil er immer so früh am Morgen gekräht hatte. An diesem Tag fiel bei mir das Essen aus!

Tagsüber wurde die kleine Hühnerschar aus dem Kellerfenster hinausgelassen und in einem großen Gehege, auch mit erhöhter Sitzgelegenheit, Unterschlupf und Nest für die Eier, gehalten. Am Abend ging es dann wieder zurück in den Keller.

Um uns herum wurden jetzt immer mehr Felder zu Baugrundstücken und neue Häuser wuchsen auf ihnen in die Höhe. Viele neue Straßen, wie zum Beispiel die Kantstraße, wurden angelegt. Ich erweiterte meinen Spielbereich auf den gesamten westlichen Teil der Hansenhaussiedlung, und war auf jeder nur erdenklichen Straße der Siedlung unterwegs. Immer auf Suche nach neuen Spielgefährten. Nachhause mitbringen durfte ich allerdings niemanden, so spielte sich mein Leben auf den beiden Spielplätzen der Siedlung ab. Neben dem schon erwähnten am östlichen Ende des Lindenweges, unterhalb des Waldes am Richtsberg, gab es noch einen in der Nähe der mittelalterlichen Hinrichtungsstätte Rabenstein am westlichen Ende. Von dort konnte man auf die Stadt und das Schloss sehen. Ich war oft ganz alleine auf einem dieser Spielplätze und dann war die Rutsche immer mein Lieblingsgerät. Einmal, an einen heißen Sommertags-Vormittag, ging ich in kurzen Shorts, bei den Teenagern sagte man da später Hotpants dazu, auf den Spielplatz, um zu rutschen. Die Sonne hatte die Blechrutsche wie eine Herdplatte aufgeheizt, und das Ergebnis war ein sehr schmerzhaftes Rutscherlebnis, mit vielen Brandblasen an meinem Hintern.

In der Nähe des Rabensteins wohnte die Familie Meyer, die, mit engem Kontakt zu der evangelischen Diakonie in Wehrda, das Wohnzimmer ihres Hauses jeden Mittwoch am Nachmittag den Evangelischen Schwestern für eine Kinderstunde mit den Kindern der Umgebung zur Verfügung stellten. Ich war immer mit meiner Freundin Renate Heldmann dort. Und wir saßen dann, zusammen mit anderen Kindern, nachdem wir im Flur alle unsere Schuhe ausgezogen hatten, im Kreis auf dem Wohnzimmerteppich, und hörten von Schwester Ellen oder Schwester Christa Geschichten von Jesus oder machten Spiele.

Im Jahr 1961 war diese paradiesische Zeit in Freiheit dann allerdings wieder vorbei. Ich kam in die Grundschule am unteren Ende des Kaffwegs, in die Gebrüder-Grimm-Schule. Meine Oma hatte bei den Behörden für mich noch ein weiteres Jahr in Freiheit herausschlagen können, sodass bei mir die Schulzeit erst im Alter von sieben Jahren begann. Ich bekam für diesen, jetzt neu beginnenden, Teil des Lebens auch ein hübsches Kleid. Es war sogar fertig gekauft und nicht aus den Röcken alter Kleider meiner Mutter, von meiner Oma – sie war gelernte Schneiderin – genäht worden. Ebenfalls ein neues Paar Schuhe. Außerdem einen Lederranzen, eine Tasche mit zwei Riemen, die so angeordnet waren, dass man sie sich die Tasche auf den Rücken schnallen konnte. In der Tasche befand sich ein Griffelkasten aus Holz mit zwei Kreidestiften, „Griffel" genannt, einem Bleistift mit Spitzer und einem Radiergummi drin. Auch eine Schiefertafel, an welcher an der einen Ecke, an einem langen Band, ein Schwamm befestigt war, den man auf diese Weise, wenn er feucht war, aus dem Ranzen heraushängen lassen konnte. Und eine Brotdose aus durchsichtigem Plastik für das Pausenbrot. Außerdem gab es dann noch die besagte riesige Zuckertüte, die man im Arm halten musste, und die wohl, so würde ich es heute sehen, helfen sollte, den Beginn des neuen Lebensabschnittes etwas zu versüßen. Für mich waren es damals jedoch lediglich ungewohnte süße Leckereien, die ich zuvor nie haben durfte. Und auf die Schule freute ich mich sowieso riesig. Nun hatte ich endlich die ersehnten vielen Kinder um mich herum, und ich durfte endlich lesen und schreiben lernen.

Der erste Schultag begann mit einer Willkommensfeier in der Aula der Schule, in die mich meine Eltern brachten. Beginnend mit einer Rede von der Schulleitung über die Wichtigkeit des nun beginnenden ernsteren Teils des Kinderlebens und ein paar Darbietungen von einigen etwas älteren Schülern. Danach wurden Lehrer mit Listen in ihren Händen aufgerufen, die jeweils um die 30 Namen von Neuanfängern aufriefen, um sich scharten, und mit Ihnen aus dem Saal verschwanden. Auch ich war natürlich bei einem dieser Prozeduren dabei, und erlebte auf diese Weise, was weiter mit uns geschah. Nachdem wir aus der Aula herausgeführt worden waren, wurden wir in einen Klassenraum gebracht, und die Dame, die unsere Namen vorgelesen hatte, stellte sich als unsere Klassenlehrerin, Frau Klein, vor. Dann durften wir uns einen Sitzplatz aussuchen, bekamen noch eine Liste für unsere Eltern für Unterrichtsmaterialien, Hefte, Buntstifte, etc., die wir demnächst im Unterricht brauchen würden, mit. Auch einen Stundenplan und die Lernfibel, das Buch für uns in der nächsten Zeit. Danach brachte uns die Lehrerin auf den Pausenhof, wo schon unsere Eltern auf uns warteten, und es ging für den heutigen Tag wieder zurück nachhause.

Das erste Schuljahr begann, und die ersten Wochen brauchten wir zum Eingewöhnen noch nicht in der ersten Stunde, beginnend um 8.00 Uhr, anwesend zu sein. 9.00 oder 10.00 Uhr waren angesagt. Für mich begann der nächste Tag allerdings gleich mit einem Schock. Meine Oma hatte mich am Morgen gegen 10.00 Uhr am Tor abgeliefert, aber am Mittag war niemand da, um mich abzuholen. Ich musste den Heimweg alleine finden, und der ging durch den Wald! Also versuchte ich mich, nach einer Weile des vergeblichen Wartens, zu erinnern, wie ich hergekommen war, und machte mich auf den Weg den Kaffweg hinauf. Oben angekommen kam mir dann das Durchstreifen der Hansenhaussiedlung auf der Suche nach Spielkameraden während der letzten beiden Jahre zugute. Ich kannte mich aus und fand den Heimweg.

Meine Mutter und meine pommersche Oma waren sehr streng, man schrieb mir so gut wie nie eine Entschuldigung, wenn mir schlecht war, da sie meinten, ich wolle mich nur vor der Schule drücken. So hat mich meine Lehrerin dann einmal von sich aus nachhause geschickt, weil mir nicht gut war. Und ich weiß noch, ich habe auf diesem Nachhauseweg eine ganze Weile in einer Wiese gelegen, weil ich nicht mehr weiterlaufen konnte.

Die Schule machte mir Spaß, endlich hatte ich das, was ich wollte: Viele Kinder um mich herum, viel Neues zu lernen und viele Spiele. Besonders schön fand ich am Anfang, wenn immer morgens die Stühle zu einem Kreis zusammengestellt wurden, wir dann gemeinsam Lieder lernten und Spiele machten. Wie zum Beispiel „Die Reise nach Jerusalem" bei der immer ein Stuhl im Kreis zu wenig da war. An diesen mussten wir, während Musik gespielt wurde, vorbeigehen, und wenn dann die Musik plötzlich aufhörte, uns schnell hinsetzen. Ein Platz war aber immer gewollt zu wenig. Wer nicht schnell genug war und keinen Stuhl mehr abbekam, musste ausscheiden. Bei jeder weiteren Musikrunde war das so. Sieger war, wer als letzter auf dem einzig übrig gebliebenen Stuhl saß. Auch durften wir erzählen, wenn wir am Nachmittag zuvor etwas für uns Besonderes erlebt hatten.

Die Spiele wurden dann langsam immer weniger und die Lernphasen länger. An der großen Schiefertafel lernten wir jeden Tag neue Buchstaben und Zahlen. Jeder Buchstabe und jede Zahl hatten eine bestimmte Farbe, mit der wir sie in der Fibel, dem Buch, welches wir am ersten Schultag bekommen hatten, wiederfanden. Sie waren dort verbunden mit ganzen Worten, in denen diese gerade gelernten Buchstaben vorkamen und mit entsprechenden Bildern dazu. Bei den Zahlen kann ich mich bis heute an die Farbe, mit der die jeweilige Zahl bedacht war, erinnern. Bei langen Zahlenreihen erscheint vor meinem geistigen Auge dann immer noch so etwas wie ein dazu passender Regenbogen, was mir das Merken sehr erleichtert.

Rechnen war allerdings überhaupt nicht mein Ding, In diesem Fach hatte ich von Anfang an, neben Sport, immer nur die Note „befriedigend". Heimatkunde fand ich toll. Marburg, als sehr alte Stadt, bot da ja auch viel Geschichtsstoff, und mit diesem kamen wir ABC- Schützen auf diese Weise dann früh in Kontakt.

Alles, was mit Basteln zu tun hatte, war ebenfalls meine Stärke. Auch im Lesen und Schreiben bekam ich gute Noten. Allerdings vergrellten mir hier meine Mutter und meine Oma bei den Hausaufgaben oft den Spaß. Sie wischten mir meine, auf der Schiefertafel aufgezeichneten Buchstaben, Worte und Zahlen solange immer wieder aus und ließen sie mich neu schreiben, bis sie ihnen ordentlich und sauber genug erschienen. Dies führte dann aber mit der Zeit auch zu einer besonders schönen Handschrift meinerseits.

Die Tatsache, dass ich mich nun nicht mehr so abgeschirmt zuhause aufhielt und täglich mit anderen den Klassenkameraden zusammen war, führte allerdings auch dazu, dass ich nicht von den gängigen Kinderkrankheiten wie Masern, usw. verschont blieb. Auch Scharlach war dabei. Nie werde ich hier den Geruch des Desinfektionsmittels vergessen, mit dem zum Schluss die ganze Wohnung ausgeprüht werden musste. Und dann das knallrote Plakat an der Haustür mit der Aufschrift: „Eintritt verboten, da Seuche im Haus".

In den ersten beiden Jahren in der Gebrüder-Grimm-Schule entwickelte sich der Schulweg zu einem Erlebnis, welches sich nicht immer positiv gestaltete. Zum einen war er stets ein Erlebnis, denn der normale Weg über den Bürgersteig des Kaffweg wurde bald zu langweilig, und wir begannen, uns immer neue Wege mitten durch den Wald zu suchen. Oft auch an den unwegsamsten Stellen, und wenn es die steile Abbruchkante am oberen Rand der sich tief eingrabenden Kaffwegschlucht war, wo wir uns an den vorstehenden Felsen entlanghangelten.

Mit der Zeit kristallisierten sich fünf begehbare Schulwege heraus: Am bequemsten war natürlich der Weg direkt über den Kaffweg die Straße hinunter. Am kürzesten dazu die Abkürzung quer durch den Wald, die auf eine Treppe runter zum Kaffweg führte. Dann gab es noch den Weg über den Rabenstein, die Scheppe-Gewisse-Gasse hinunter. „Scheppe-Gewisse-Gasse" hieß dieser alte Weg, weil der zum Hinrichtungsplatz Rabenstein führte, und diesen mussten im Mittelalter die zum Tode Verurteilten aus Marburg, wie man vermutete, mit einem „scheppe Gewisse/schlechten Gewissen" gehen. Er war aber ein bisschen länger, und wenn man in der Schule nicht zu spät kommen wollte und schon spät dran war, sollte man so nicht gehen, und ihn sich lieber für den Heimweg aufsparen. Dann gab es noch einen breiten Waldweg oberhalb der Kaffwegklamm, der aber auch zur besagten Treppe zur Straße hinunterführte. War etwas länger als die Abkürzung. Und last not least konnte man auch den Umweg vom Kaffweg, über die „Zahlbach", ein Siedlungsteil der Stadt, hinter der Schule, nehmen. War aber besser auch nur was für den Heimweg, wenn ein bisschen Trödeln nicht so auffiel. Dazu musste man die Schule nach hinten Richtung Ortenberg verlassen.

Manches Mal wurde aus den Nachhausewegen von der Schule auch eine Hetzjagd gegen mich; denn In meiner Klasse gab es ein Mädchen mit Namen Ute, welches mich nicht leiden konnte. Sie war auch in der Lage, andere, mit denen ich, wenn sie nicht dabei war, gut auskam, gegen mich aufzuhetzen. Ich kann mich an einen Heimweg von der Schule erinnern, an dem sie, mit noch einem Mädchen, welches mit bei ihr im Haus wohnte, ständig versuchte, mir mit ihrem Regenschirm ein Bein zu stellen, sodass ich fallen sollte. Sie trieben mich den ganzen oberen Weg im Wald vor sich her, bis ich ihnen weglief und sie mich nicht mehr fanden. Ich war, nach einem kleinen Vorsprung, hinter einem Busch ganz schnell auf dem Po die ganze steile Böschung auf den Kaffweg hinuntergerutscht, und ging jetzt alleine unten auf der Straße weiter. Es muss sie verwundert haben, dass ich plötzlich verschwunden war; denn ich hörte sie noch eine ganze Weile oben im Wald nach mir rufen.

Wenn ich alleine unterwegs war, suchte ich immer nach neuen Wegen mitten durch den Wald. Manches Mal auch, um einem besonderen verwesungsartig penetranten Geruch nachzugehen, und dann Stinkmorcheln aufzustöbern und deren Hexeneier auszugraben. Es wird mir heute noch ganz komisch, nachdem ich später gehört habe, wie viele nicht gezündete Bomben aus dem Krieg da noch gelegen haben sollen, seltsam fand ich damals nur immer die vielen Krater zwischen den Bäumen.

Inzwischen waren in der Hansenhaussiedlung wieder etliche Häuser und Straßen dazu gekommen. 1962 wurde eine evangelische Kirche mit Namen Pauluskirche neben dem Bismarkturm gebaut und 1963 eingeweiht. Ab dann ging's jeden Sonntag in den Kindergottesdienst zu Pfarrerin Claudia Bader. Auch die Großseelheimer Straße war jetzt keine Landstraße mehr, und anstelle der Straßengräben und der alten Apfelbäume gab es nun ganz normale Bürgersteige. 1964 bekam die Kirche ihre Orgel. Ich war schon damals sehr an solchen Instrumenten interessiert, und schaffte es, beim Aufbauen der Pfeifen helfen zu dürfen. Das war ein großes Erlebnis: Die unzählig vielen Kisten mit den unterschiedlich großen Pfeifen. Einige in der Größe von Piccoloflöten, andere wie riesenlange Ofenrohre. Jede Pfeife gab einen anderen Ton, unterschiedlich in der Höhe, in der Art und auch unterschiedlich im Material. Ich half, die Orgelpfeifen auszupacken, und trug sie an den Ort, wo sie ein Orgelbauerfachmann in Empfang nahm, um sie an ihrem richtigen Platz einzusetzen. Alle der Größe nach geordnet, so dass sie aussahen wie kleine oder große festsitzende Panflöten. Einige Wochen später war das fertige Instrument dann in seinem vollen Klang zu hören. Der Organist, der es spielte, hieß Herr Becker, und er gründete auch einen kleinen Kirchenchor, in welchem ich dann mitsang. Wir übten immer einmal in der Woche mehrstimmige Choräle, welche an den Sonntagen im Gottesdienst dann vorgetragen wurden.

Eine Grundschule, die den Namen Gerhard-Hauptmann-Schule erhalten hatte, war ebenfalls gebaut worden. In diese wurden dann alle oben in der Siedlung lebenden Kinder im Grundschulalter aus der Gebrüder-Grimm-Schule umgeschult. So verbrachte ich mein drittes und viertes Schuljahr in einer Schule, welche nur fünf Minuten von meinem zuhause entfernt und über das Gässchen hinter unserem Garten in Nullkommanichts zu erreichen war. Unsere Klassenlehrerin wurde hier die Frau Müller-Brodmann, der Schulleiter Herr Schröter, beides schon bekannte Lehrer aus der Gebrüder-Grimm-Schule. Frau Müller-Brodmann konnte auch sehr gut malen und zeichnen. Wir Kinder stritten damals immer darum, wem sie die schönste Aquarellblume ins Poesiealbum gemalt habe. Einmal ließ sie meine Mutter wegen meiner Malfähigkeiten zu sich kommen und schlug ihr vor, mich deswegen auf eine besondere Schule umzuschulen, da sie meinte, ich sei musisch hochbegabt und so etwas müsse gefördert werden. Meine Mutter lehnte jedoch ab. Wahrscheinlich hätte diese Schule Schulgeld gekostet.

Allerdings hatte ich in den Restbeständen des Umzugs aus der Untergasse eine alte Blockflöte gefunden, und wollte jetzt damit gerne auch so Flötespielen können, wie einige aus meiner Klasse es schon konnten. Meine Mutter erfüllte mir dann diesen Wunsch, und meldete mich bei der „Volksmusikschule Pauli" am Pilgrimmstein an. So lernte ich dort zusammen mit noch zwei Kindern, wenn ich mich richtig erinnere, waren es Birgit Kneipp oder Seipp aus Wehrda und Ulrich oder Joachim Köhler vom Glaskopf, Noten und den richtigen Umgang mit der Blockflöte. Allerdings stellte mir meine Mutter, die zu dieser Zeit nicht arbeitete; denn die Salben-Firma Peh hatte zugemacht, unsere Eieruhr jeden Nachmittag auf eine Stunde, und ich musste in dieser Zeit Flöte üben. Da gab es kein Wenn und Aber, ich durfte solange nicht aufhören, bis die Uhr klingelte und die Stunde herum war.

*Veranstaltung der Volksmusikschule Pauli
in der Gebrüder-Grimm-Schule*

Die Musik-Schule Pauli veranstaltete jedes Jahr ein Vorspiel, an dem wir unser erlerntes Können vor Publikum öffentlich vortragen mussten. Da ging es dann wieder zurück in die Aula der Gebrüder-Grimm-Schule, auf die dortige Bühne, vor der ich die Feier zu meinem ersten Schultag erlebt hatte; denn diesen Saal konnte man für Veranstaltungen mieten. Auch meine Mutter brauchte jetzt diese Bühne. Sie war Kinder und Jugendbeauftragte bei der Pommerschen Landsmannschaft, des Vereins der in der Stadt Marburg hängen gebliebenen Flüchtlinge aus dem Osten. Der Vorsitzende mietete dann den

Saal für gemeinsame Weihnachts-. Osterfeiern und sonstige Veranstaltungen in Erinnerung an das verlorene Pommern.

Zu diesen Feiern mussten die Kinder auch immer etwas vorführen, sei es ein Krippenspiel zu Weihnachten oder ein dargestelltes Märchen, passend zum Thema der Veranstaltung, welches meine Mutter vorher mit den Kindern eingeübt hatte. Meine Oma nähte die dazu gehörenden Kostümchen aus Krepppapier, und die Übungstreffen fanden immer bei uns zuhause statt. Meine Familie stellte auch die Osterkörbchen und Weihnachtstütchen für die pommerschen Kinder zusammen. Die Osterkörbchen wurden dann an dem zuvor vereinbarten Treffpunkt, meistens war es irgendwo im Wald, vor dem Ausflugslokal in Nähe des Spiegelslustturms oder auch bei der Dammmühle, versteckt, und die Kinder mussten dann zusammen sich jeder eines suchen. Oder an Weihnachten brachte der Vorsitzende die Weihnachtstütchen als Nikolaus verkleidet den Kindern. Bei uns zuhause waren jedenfalls vor Ostern dann immer massenweise Eier zu färben und Süßigkeiten abzupacken. Und an Weihnachten jede Menge Plätzchen zu backen und andere gekaufte Leckereien für ca. 30 Weihnachts-Tütchen zusammen zu stellen. An ein Ostern kann ich mich erinnern, da lag überall noch 40 cm hoch der Schnee, und ich habe zusammen mit meiner Mutter die gesamten Eiernester im Schnee vergraben müssen.

An den Samstagen ging mein Vater mit mir im nahegelegenen Wald wandern, oder wir besuchten Oma Pfingst in der Untergasse. Sie machte dann immer ein tolles Essen für uns drei. Kochen konnte sie sehr gut, sie hatte vor ihrer Rente immer als Hausdame gearbeitet. Wenn mein Vater und ich wandern gingen, dann meistens durch den Wald zum Spiegelslustturm auf den Lahnbergen. Der Weg führte hinter der Gaststätte „Hansenhaus links" in den Wald hinein einen Weg bis zum Zahlbachtal hinunter. Auch dort gab es den tollen Wurmfarn und viele große Ameisenhaufen. Ich habe einmal versucht, eine Farnpflanze auszugraben, um sie bei mir im Garten weiterwachsen zu lassen. Aber dort war der Boden wohl nicht für sie geeignet, sie ging leider ein. Unten im Zahlbachtal ging der Wanderweg über eine Straße und an der anderen Seite in den Ortenbergwald hinein, dann immer bergauf, bis zu einem Ausflugslokal im Wald, wo mein Vater mir immer eine Bluna, eine Orangenlimo, spendierte. Einmal, als wir dort waren, muss wohl dort jemand die Tür zur Männertoilette offengelassen haben. Man konnte von außen auf die Pissoire schauen. Ich meinte nur ganz verwundert, was das dort für komische Kloschüsseln wären, da müsse man ja erst hochspringen. Mein Vater meinte nur ganz trocken dazu: „Naja, die machen das da auch so."

Von dem Lokal ging es dann noch ein kleines Stückchen weiter durch den Wald bis zum Spiegelslustturm. Auch dort war unten ein kleines Lokal, und man konnte sich für kleines Geld eine Karte kaufen und die vielen Treppen im Turm bis oben auf die Plattform steigen. Von oben konnte man toll auf die Stadt und das Schloss sehen. Wir haben immer die Stufen gezählt, es waren auf jeden Fall über hundert. An manchen Samstagen ging mein Vater auch mit mir im damals noch vorhandenen Richtsbergwald Butterpilze sammeln. Das waren dicke goldgelbe Pilze mit einem Schwamm unter dem Hütchen und einer dicken Schleimschicht auf dem Hut. Ein sehr spezifisches Aussehen. Man konnte sie deswegen auch nicht mit anderen eventuell giftigen Pilzen verwechseln.

Nachmittags spielte ich mit den Kindern der Hansenhaussiedlung aus unserer Nachbarschaft. Unterhalb der neuen Schule. Der Schulhof befand sich jetzt genau auf dem Feld, auf dem ich immer mit meiner Oma Kamillenblüten gesammelt hatte. Daneben waren mehrere Wohnblocks gebaut worden, in denen auch Kinder aus meiner Klasse wohnten. Manfred Arndt, Marianne Mündel und Werner Strömberg waren da meine Spielgefährten. Im Winter rodelten wir die Wiese hinter den Häusern bis zum Wald hinunter. Oder spielten die damals üblichen Kinderspiele, wie Verstecken oder Klingelschlacht, bei der wir immer auf sämtliche Klingeln an den Häusern drückten und dann wegliefen. Werner Strömberg, der mit seiner Mutter in einem der Häuser wohnte, hatte eine Eisenbahn, die sein gesamtes Zimmer ausfüllte, und er ließ mich mit ihm zusammen dort spielen. Die Strömbergs müssen sehr arm gewesen sein; denn ich bin oft mit ihnen zum Tannenzapfensammeln in den Fichtenwald neben dem Spielplatz gegangen. Mit den gesammelten Zapfen beheizten sie dann ihren Ofen. Diese schöne Zeit ging dann aber leider schnell zu Ende, und ich wurde von vielen Schul- und Spielkameraden getrennt. Die Grundschulzeit war vorbei und wir Kinder aus der Klasse wurden auf verschiedene Schulen verteilt.

Mich schickte man ab jetzt auf die Elisabethschule, einem Gymnasium nur für Mädchen.

Damals wurde es noch Lyzeum genannt, und es befand sich, neu gebaut, neben der Marburger Walldorf-Schule in der Schwanallee, im Süden der Stadt.

KAPITEL III

Die Gymnasialzeit

Das 1. Jahr auf der höheren Schule

Mit diesem Lebensabschnitt, kann ich sagen, begann für mich der Ernst des Lebens: Mein Schulweg dauerte jetzt nicht mehr nur fünf Minuten, sondern 45 Minuten. Ich konnte nicht mehr zu Fuß gehen, sondern musste mit dem Bus fahren, und dabei einmal umsteigen. Das bedeutete, auf einen anderen Bus zu warten, um zur Haltestelle in der Nähe der Schule zu kommen. Dafür bekam ich eine Monatskarte in einem Blechrahmen mit Passfoto von mir drin. Diese musste ich an einer Kette um den Hals tragen. Die Kette war die gleiche wie die an unserem Badewannenverschlussstopfen. Jeden Monat war ein neues rosa Märkchen, welches ich zum Preis von 12 Mark bei den Stadtwerken am Rudolfsplatz kaufen musste, einzukleben. Diese Karte brauchte man dann nur immer dem Busfahrer beim Einsteigen in den Bus zu zeigen. Das rosa Märkchen, welches durch eine Zahl den jeweiligen Monat kennzeichnete, ermöglichte für diese Zeit das Mitfahren in allen Buslinien Marburgs, und war, so besehen, recht preiswert.

Die Atmosphäre in der Sexta (5. Schuljahr) der neuen Schule war eine unpersönliche und kalte. Die Klassen bestanden aus meistens über 30 Schülerinnen, zum Teil ziemlich eingebildete Mädchen aus der Marburger Mittelschicht, die sehr von sich selbst eingenommen waren. Mit diesen eine Freundschaft zu schließen, war sehr schwer. Unsere jetzige Klassenlehrerin hieß Frau Dr. Oldiges. Sie war auch unsere Englischlehrerin und bestand darauf, dass man sie mit „Frau Doktor" anredete. Wenn eine Schülerin zu ihr

Frau Oldiges sagte, kam sofort retour: „Wie heiße ich, bitte den gesamten Namen, ich bin Frau *Doktor* Oldiges!"

Meine ersten Englischstunden gestalteten sich zäh. Die im Buch zur Lektion der Stunde gehörenden Vokabeln wurden zu Beginn der jeweils nächsten Stunde immer überprüft, und so das Wissen benotet. Wer aufgerufen wurde, musste aufstehen und wurde abgefragt. 20 Vokabeln, wenn alle gewusst, gab es eine „eins", bei drei nicht gewusst eine „zwei", bei sechs nicht gewusst, eine „drei", bei neun nicht gewusst eine „vier, bei zwölf nicht gewusst eine „fünf". Wenn dann die Nervosität total siegte und man nichts wusste, hieß es: „Sechs, setzen"! Die jeweilige Note wurde in ein rotes Büchlein eingetragen.

Musikunterricht gab es bei Frau Kalisch, in deren Schulchor ich auch war. Im Musiksaal befand sich eine Tafel mit Notenlinien, dort wurde uns Kindern dann die Notenschrift beigebracht, die ich durch das Flötespielen in der Volksmusikschule Pauli aber schon kannte. Ich hatte, seit der Umschulung auf das Gymnasium, von der Blockflöte auf das Instrument Klavier umgewechselt, da mir meine Oma aus Pommern bei Neufeld ein Klavier gekauft hatte. Und so übte ich jetzt meine Finger auf Tasten. Unter anderem, nach einiger Zeit, mit „Für Elise", „a la Turka" und der „Mondscheinsonate". Auch immer unter der strengen Kontrolle meiner Mutter, mit der Zeiteinstellung per Eieruhr.

Hier in der Elisabethschule gab es eine Blockflötengruppe, welche sich einmal in der Woche zur nullten Stunde, – 7.15 bis 8.00 Uhr – traf, um zu üben. Das bedeutete für mich: Um sieben Uhr in der Schule sein, und im Warteraum unten im Treppenhaus des Haupteingangs bis kurz nach 7.00 Uhr zu warten, bis der Musiksaal geöffnet wurde. Dort im Treppenhaus neben der Tür zum Warteraum befand sich auch ein großes Aquarium mit Fischen drin, die allerdings vor einer blanken, mit Kabeln versehenen, Hinterwand schwimmen mussten. Sie taten mir leid, so ein zuhause hätte ich als Fisch nicht haben wollen. Und so machte ich mit unserem Hausmeister ab, ihm für das Aquarium einen schönen Hintergrund mit Wasserpflanzen und Korallen zu malen, damit es nicht mehr so trist aussehen würde. Er brachte diesen dann auch an, und vielleicht haben die Fische sich danach ja etwas wohler gefühlt. Zumindest sah es für das menschliche Auge besser aus.

Was das nachmittägliche Lernen anbelangte, war ich ab jetzt ganz auf mich gestellt; denn niemand konnte mir mehr helfen. Mein Vater hatte aufgrund des Krieges kaum zu Schule gehen können. Er war eigentlich ein Analphabet. Und meine Mutter hatte den in Pommern auf dem Land üblichen Dorfschulabschluss. Der jetzige Schulstoff war meinen Eltern unbekannt, mit so etwas waren sie nie konfrontiert worden. Also musste ich nachmittags, nach dem Mittagessen, sofort in mein Zimmer, mich an meinen Schreibtisch zum Hausaufgaben machen setzen, und mich alleine durchkämpfen.

Mit den Nachbarskindern spielen war vorbei, wir waren ja jetzt auch alle in verschiedenen Schulen gelandet. Wenn ich heute versuche, mich an diese Zeit zu erinnern, wird es mir immer ganz komisch. Ich fühlte mich damals sehr einsam und wurde dadurch wohl auch ein bisschen depressiv. Meine Klassenkameradinnen, großenteils Töchter aus Familien der Marburger Mittelschicht, wurden je nach dem Umfang des Geldbeutels ihrer Eltern von den Lehrern bevorzugt und hofiert. Die wenigen Arbeiterkinder, zu denen ich ja auch gehörte, wurden oft schlechter behandelt und gerne benachteiligt. Unser Mathelehrer, Herr Prätorius, machte sich geradezu einen Spaß daraus, mich an die Tafel zu zitieren, um mich der ganzen Klasse vorzuführen, da er schon im Voraus wusste, dass ich die Gleichung dort nicht lösen können würde. Rechnen war ja schon in der Grundschule nicht mein bestes Fach und wuchs sich jetzt auf diese Weise zunehmend zu einem Problem aus.

In der Mittelstufe kam bei den Sprachen zu der Fremdsprache Englisch für mich noch Latein dazu. Herr Buchtmann war hierfür der „Dompteur". Auch er war, wie Herr Wilser in Geschichte, Meister im Abfragen. Wer gut Vokabeln oder Geschichtszahlen auswendig lernen konnte, und kein Problem mit Selbstbewusstsein und Lampenfieber hatte, hatte da schon von vornherein einen besseren Platz im roten Notenbüchlein von Herrn Buchtmann oder Wilser. Ich gehörte da leider nicht dazu. Meine favorisierten Fächer wurden Biologie, Kunst, Musik, Handarbeit und auch noch Deutsch und Erdkunde.

Meine Freundinnen und ich an meinem Geburtstag

In Biologie hieß die Lehrerin Frau Nuhn. Sie wirkte auf mich immer wie eine verklemmte alte Jungfer. Bei ihr mussten wir mal Fruchtfliegen auf überreifen Bananen züchten, sie dann, nachdem sie geschlüpft waren, mit Chloroform betäuben, um sie dann auszuzählen. Es galt heraus zu finden, welche die dominanteren/mehr waren. Die mit den roten oder die mit den weißen Augen. Ich weiß es nicht mehr, aber ich glaube, es waren die mit den roten Augen.

Handarbeitsunterricht hatten wir bei Frau Dolle. Sie war eine Lehrerin von der ganz alten Garde des Kollegiums vom Höheren- Töchter-

Lyzeum-Elisabethschule und war sehr streng. Ich habe sie niemals lächeln gesehen, und wir hatten alle Angst vor ihr. Bei ihr haben wir auf den alten mechanischen Singer-Nähmaschinen das Nähen gelernt. Ich war da im Vorteil; denn meine Oma hatte auch so eine Nähmaschine, und hatte es mir schon beigebracht. Das erste Projekt bei Frau Dolle war ein Baby-Doll, die Ähnlichkeit im Namen war da wohl eher zufällig. Den Stoff dafür hat Frau Dolle besorgt. Er sollte wohl für alle gleich sein, damit sie die Qualität der Nähergebnisse besser miteinander vergleichen konnte. Der Preis davon wurde unter uns Schülern aufgeteilt. Sie hat das Ergebnis sehr auf Akkuratesse beurteilt, jede Naht musste hundertprozentig genau sein und wurde entsprechend benotet.

Im Sportunterricht gab es ein Problem: Alle Kinder aus der Gerhard-Hauptmann-Schule hatten noch nicht Schwimmen gelernt, sofern ihre Eltern nicht selber Wert daraufgelegt hatten. Der Weg ins Schwimmbad sei von der Hansenhaussiedlung zu weit gewesen, hieß es. So musste das jetzt für diese Schülerinnen nachgeholt werden. Die Sportlehrerin, Frau Peters, war eine ziemlich rabiate. Da ich etwas wasserscheu war, packte sie mich schließlich an den Trägern meines Badeanzugs und schmiss mich einfach ins tiefe Wasser des Schwimmerbeckens. An diesem Tag habe ich wahrscheinlich sehr viel Chlorwasser aus dem großen Becken des Luisabades geschluckt. Aber letztendlich klappte es dann doch irgendwie ganz gut mit dem Freischwimmer. Nur, ein begeisterter Schwimmer ist aus mir danach nie geworden.

In dieser Zeit begann ich Tagebuch zu schreiben. Aber nachdem ich es dann eines Mittags, als ich von der Schule nachhause kam, aufgeschlagen auf meinem Schreibtisch vorfand, und meine Mutter mich zur Rede stellte, was ich da für einen Mist geschrieben hätte, hörte ich ganz schnell wieder damit auf.

In den 60ern veranstaltete die Stadt Marburg während der Sommerferien Feriencamps für Kinder, deren Eltern nicht genug Geld hatten, um in Urlaub fahren zu können. Es war im Wald in der Nähe des Frauenbergs. Kinder ungefähr im Alter von sechs bis 14 Jahren konnten dort in den Sommerferien unter der Woche den Tag dort im Wald verbringen. Es wurden Gruppen von bis zu 10 Kindern, Jungen und Mädchen getrennt, in verschiedene Altersstufen unterteilt, einem Betreuer, bzw. einer Betreuerin zugeteilt. Die Gruppe verbrachte dann den Tag im Wald und arbeitete in dieser Zeit an einer Wochenaufgabe. Bei den Kleinen war das ein „Waldbeet", bei den älteren, eine von der Gruppe gebauten Hütte. Diese wurde am Ende der Woche bewertet und es wurden Preise vergeben. Zum Essen traf man sich am Zeltplatz. Das Essen wurde in der Nähe in einem Ausflugslokal gekocht. ab Mittag bis um 15.00 Uhr war dann Ruhezeit, und man suchte sich mit seiner Gruppe und einer Decke einen Platz im Wald zum Schlafen, oder um Gesellschaftsspiele zu machen. Jeden Abend wurde man mit Bussen abgeholt und wieder in die Stadt zurückgebracht. Wir trafen uns dann immer zusammen am Waldrand und sangen Lieder aus der Mundorgel, von einer Frau mit ihrer Gitarre begleitet, während wir auf die Busse warteten.

An diesen Feriencamps habe ich mehrmals teilgenommen, zuletzt auch als Betreuerin. Da habe ich mit meiner Gruppe, den schon etwas älteren Kindern, mal im Wald innerhalb einer Woche ein ganzes Indianerdorf gebaut. Dazu hatte ich jedes Kind vier dicke lange Äste sammeln lassen, welche, an einem Ende zusammengebunden, dann senkrecht, unten auseinandergespreizt, aufgestellt wurden. Danach wurden waagrecht zwischen den Ästen, mit Ausnahme von der unteren Hälfte der Eingangsseite, im Abstand von etwa 15 cm, waagerecht ganz straff Kordel gespannt. Auf diese wurden, wie Schindeln, von unten nach oben kleine Tannenzweiglein gesteckt. Am Ende hatten wir so um die 10 kleine grüne Zelte, die zusammen ein hübsches Dörfchen bildeten. Ich studierte mit den Kindern dann noch ein paar Lieder mit Trommelbegleitung ein, die sie, als das „Kunstwerk" von der Prüfungskommission beurteilt wurde, um eine imaginäre Feuerstelle auf dem Platz vor den Zelten sitzend, vortragen sollten. Ich hatte sie auch gebeten, sich ein bisschen wie Indianer zu verkleiden. Meine Gruppe bekam dem ersten Preis.

Etwa In der zweiten Hälfte der 60er Jahre fing man an, unseren schönen Richtsbergwald abzuholzen, ihn mit Straßen zu durchfurchen, und hässliche Häuserblocks dort hinzubauen, wo ich immer zusammen mit meinem Vater so schöne Pilze gesammelt hatte. Auch die Serpentinenstraße, die zum Sanatorium Sonnenblick geführt hatte, verschwand. An ihre Stelle trat eine hässliche vierspurige Straße, autobahnartig und mit einer tiefen Kerbe in den Berg gegraben. Sie führte auf die Lahnberge, wo man neben dem Spiegelslustturm die neue Universitätsklinik errichtete, und in deren Umfeld Häuser für bestimmte Uni-Fakultäten in Fertigbauweise aufstellte. In einem dieser Häuser, in der Nähe des Gebietes für den zukünftigen neuen Botanischen Garten, wohnte dann eine Klassenkameradin mit Namen Lisa Schwalbe. Ihr Vater war dort als Hausmeister eingestellt. Zu Ihr durfte ich an den Wochenenden, im Winter auch zum Skifahren, auf die Lahnberge hinauf gehen. Wir fuhren dann mit den Skiern den steilen Berg hinter dem Haus hinunter bis vor ihre Haustüre. Ich werde nie das Geräusch in ihrer Wohnung vergessen, wenn man dort eine Tür zuschlug. Dann schienen alle Wände zu vibrieren. Ein Haus aus Kunststofffertigbauteilen eben. Ich frage mich, ob das heute überhaupt noch so steht.

1968 verstarb meine Urgroßmutter im Alter von 96 Jahren. Sie war sehr religiös und schlief während ihrer täglichen evangelischen Andacht, die sie sich immer selbst bereitete, beim Singen eines Kirchenliedes einfach für immer ein. Ein schöner Tod, so wie man ihn sich wünschen könnte, sage ich heute. Die Uroma hatte ein absolutes Lieblingslied, welches gemäß der Jahreszeit bei keiner ihrer Andachten fehlen durfte. Es war ein Kirchenlied mit 15 Strophen und stammte vom dichtenden Pfarrer Paul Gerhardt aus dem 17. Jahrhundert: „Geh aus, mein Herz, und suche Freud", hieß es. (Er hatte es fünf Jahre nach Beendigung des Dreißigjährigen Krieges geschrieben, und dessen Text spiegelt sicherlich auch sein Glück über den neu erlangten Frieden wider.) Ihr zweiter Favorit war sein Lied „Befiehl Du Deine Wege", mit einem Text, welcher sein totales Gottvertrauen aufzeigt. Heute würde man sagen, die Urgroßmutter war ein absoluter „Paul-Gerhardt-Fan". Meine pommersche Großmutter hatte ihre Mutter die letzten Jahre aufopfernd gepflegt, nachdem diese sich einen Oberschenkelhalsbruch zugezogen hatte und sich danach nur noch im ersten Stock des Hauses aufhalten konnte. Sie bekam von ihr jeden Abend um 11.00 Uhr ein letztes Nachtmahl aus gesalzenem in Butter gerösteten Brot und einer großen Tasse starkem schwarzen Bohnenkaffee. Das hat ihren Kreislauf wahrscheinlich über Nacht fit gehalten und mitgeholfen, sie so alt werden zu lassen.

Auf dem hinteren Schulhof des Gymnasiums Elisabethschule hat mich immer der riesengroße alte Kastanienbaum, von dem im Herbst jeden Morgen immer ganz viele Kastanien heruntergefallen waren, fasziniert. Die Kastanien sammelten wir dann in den großen Pausen auf; denn sie fühlten sich frisch so schön kühl und glatt an. Und sie hatten auch eine so tolle mahagoni-braun gemusterte Farbe. Mehrmals bin ich zu dieser Jahreszeit mit einem großen Sack zur nullten Stunde in die Schule gefahren, und habe die heruntergefallenen Kastanien alle als Futter für die Wildschweine eingesammelt, um sie nach der Schule dem Förster am Hansenhaus für die Wildfütterung zu bringen.

Manchmal fuhr ich zum Hausaufgaben machen zu einer Freundin und wir haben uns dann gegenseitig geholfen. Einmal, da war ich ungefähr 12 Jahre alt, war ich bei meiner Freundin Waltraud Reimschüssel, die in einem der neu gebauten Häuserblöcke in der Friedrich-Ebert-Straße wohnte, zuhause. Am Abend wusste ich den Heimweg in die Großseelheimer Straße nicht so richtig; denn ich war zuvor noch nie bei Walltraud gewesen, und so beschloss ich, nachdem ich ein Stückchen Richtung Wald gegangen war, mich vor einen Häuserblock auf den dortigen Stromkasten zu setzten. Dort wartete ich ab, bis jemand aus dem Haus herauskommen würde, den ich dann fragen könnte.

Es dauerte auch gar nicht lange, da stürmten vier Jungen in ganz unterschiedlichem Alter, die zwei älteren fast im Teenageralter, die beiden jüngeren, einer im Grundschulalter und ein ganz kleiner mit Rotznäschen und noch dicker Windelhose, aus dem Haus. Ich fragte einen der älteren und bekam den Weg beschrieben. Als ich mich aufmachen wollte, kam der kleine, ich fand, dass er mit seinen schwarzen Locken ein bisschen wie Puhmuckel aussah, auf mich zu, und fragte mich, ob ich mit ihnen Verstecken spielen wollte. Ich verneinte, begründete, dass ich nachhause müsse, und rannte los. Irgendwie mit einem sonderbaren Gefühl im Bauch, froh, dass ich diese Begegnung nicht ausgeweitet hatte. Damals ahnte ich noch nicht, dass mich in diesem Moment mein Schicksaal angetippt hatte, und was dies in Zukunft für mich mal bedeuten würde. In dem Haus, es war zu der Zeit noch im Rohbau, vor dem er mich angesprochen hatte, sollte später auch Frau Klein, meine Klassenlehrerin aus dem 1. Schuljahr wohnen. Ich besuchte sie später dort mal.

Meine neue Garderobe für den großen Kirchenchor

In der Mittelstufe hörte ich privat mit dem Klavierunterricht bei der Volksmusikschule Pauli auf und meldete mich beim Kantor der Universitätskirche, Johannes Stadelmann, zum Orgelunterricht an. Herr Pauli hätte es gerne gehabt, dass ich einmal seine Musikschule übernommen hätte, aber ich hatte damals andere Vorstellungen. Erst mal das Gymnasium fertig machen.

Bei Kirchenmusikdirektor Stadelmann wurde ich dann auch Mitglied in seinem Universitäts-Kirchenchor. Ab dann wurden die sonntäglichen Choräle, Orgelwerke und Chorkantaten zu meinen musikalischen Übungsstücken. Meine pommersche Oma ging mit mir zum Schneider Bogusch, und ließ eine Konzertbekleidung für die Chorauftritte für mich nähen. Sie bestand aus einem bodenlangen Rock aus schwarzem Seidensamt, ganz elegant, mit purpurrotem Futter und zwei wunderschönen Blusen. Eine in schwarz für Auftritte in der Karwoche und eine weiße Spitzenbluse für Weihnachten und andere kirchliche Feste.

Zum Orgelüben, nachdem ich mit den Hausaufgaben fertig war, besorgte ich mir bei der Pauluskirche einen Schlüssel für die Kirche und die Orgel. Wenn ich dann meinte, für diesen Tag genug geübt zu haben, ging ich, mit meinen Notenbüchern unter dem Arm, meinen alten Schulweg zur Grundschule, den Kaffweg hinunter, und weiter bis zum Erlenring. Dort gab es damals eine kleine, wenn auch etwas rumpelige Disco, Milli Vanilli genannt. In dieser hielt ich mich dann noch ein bisschen auf. Der dort ansässige Lumpensammler hatte für die Disco ein Stück seiner Lagerungshalle an der Lahn abgegeben. Da ich wusste, von zuhause aus würde man mir das nie erlauben, in eine Disco zu gehen, verschaffte ich mir auf diese Weise etwas mehr Freiheit. Wenngleich ich mir auch eine etwas Bessere gewünscht hätte. Doch diese Discos waren für mich zu weit von zuhause entfernt. Wie lange ich an der Orgel geübt hatte, war ja so nicht nachzuprüfen. Ich war auch mittlerweile so um die 17 Jahre alt. In der Disco setzte ich mich immer in eine Ecke und wartete darauf, dass mich jemand zum Tanzen auffordern sollte. Selber aktiv zu werden, traute ich mich nicht. Ich hatte zuhause gelernt, dass es für eine Frau nicht schicklich sei, einen Mann anzusprechen.

In dieser Disco lernte ich dann meinen ersten Freund, einen Jurastudenten, kennen. Wir kamen irgendwie miteinander ins Gespräch. „Gefunkt" hat es zwischen uns nie, aber ich war damals froh, auf diese Weise jemanden gefunden zu haben, mit dem ich reden konnte. Einen Freund zwischen lauter Mädchenklassen zu finden, war ja nicht möglich, und ein gewisses Defizit machte sich in diesem Alter bei mir schon sehr bemerkbar, und machte mich traurig. Dass die fehlende Liebe sich später zu einem Problem auswachsen würde, war mir damals noch nicht bewusst.

Nach der Mittelstufe wurde es mir es mir auf der Elisabethschule zu eng. Die schlechte Qualität der Lehrer nervte mich, und ließ mich auf keinen grünen Zweig kommen. Ich beschloss, mein Abitur auf der Steinmühle zu machen. Schon immer hatte ich, wenn ich morgens mit dem Bus zur Schule fuhr, neidisch auf den Bus mit dem Schild „Steinmühle" vorne drauf geschaut, und mir gedacht, was das wohl für eine tolle Schule sein müsse, die Ihre Schüler sogar mit einem eigenen Bus abholte. Die Steinmühle war eine Privatschule mit angegliedertem Internat. Sie musste aber, um die staatliche Anerkennung zu bekommen, auch externe Schüler aufnehmen. Dies kostete dann natürlich Schulgeld. Dazu kam mir die derzeitige politische Situation mit SPD-Regierung zu Hilfe. Sie gewährte Kindern minder bemittelter Eltern damals erstmals Schulgeld für den Besuch höherer Schulen. So bat ich meine Eltern, dies zu beantragen, um die Schule wechseln zu können. Es klappte, und ich konnte nun auch mit dem besonderen Bus zur Schule fahren, und musste auch nicht mehr in der Stadt den Linienbus wechseln.

Die letzten drei Schuljahre fanden für mich auf der Steinmühle statt, nachdem ich auf der E-Schule mit der mittleren Reife abgeschlossen hatte. Es wurde in Marburg immer gemunkelt, an dieser Schule wäre alles leichter, man bekäme dort das Abitur quasi nachgeschmissen. Dies war aber nicht so. Meine Erfahrung war lediglich, dass die Lehrer dort einfach besser waren, alle gleichbehandelten und niemanden mobbten. Sie schafften es auch, mir mit viel Geduld meine Angst vor Mathematik und Latein zu nehmen. Und es gab in den Klassen nicht nur eingebildete Mädchen, sondern auch wieder Jungen wie früher in der Grundschule. Nur waren wir mittlerweile fast erwachsen und wurden alle mit „sie" und dem Vornamen angesprochen. Aber einen Freund, der zu mir gepasst hätte, fand ich dort auch nicht. Ich hatte ja schon einen, wenn auch nicht verliebt. Aber irgendetwas in meinem Kopf sagte mir, ich müsse treu sein. Na ja, Zeit für so eine extra Suche hatte ich ja auch nicht. Ich musste für das Abitur lernen, und irgendwie war ich auch zu schüchtern.

So langsam entwickelte ich den Gedanken nach dem Abitur Kirchenmusik studieren zu wollen. Mein Orgellehrer, Kantor Johannes Stadelmann, meinte dazu, ich müsse dann aber für die Aufnahmeprüfung noch besser Klavierspielen lernen. Er schlug mir eine strenge alteingesessene Klavierlehrerin, ihren Namen habe ich vergessen, vor. Sie hatte ihren Wohnsitz in einem Haus hinter dem Rathaus in der Altstadt. Bei ihr habe ich das Spielen von Stücken aus dem „Wohltemperierten Klavier" von Johann-Sebastian Bach gelernt.

In der Steinmühle blieb ich meistens bis zum Nachmittag, aß in der Schulmensa zu Mittag, und machte danach in unserem Klassenzimmer zusammen mit den Internatsschülern meine Hausaufgaben. Da konnten wir uns dann auch gegenseitig helfen, wenn etwas am Vormittag nicht verstanden worden war. Für meine Familie zuhause bestand mein Schulstoff ja lediglich aus „Böhmischen Dörfern", und wenn ich dort etwas nicht konnte, musste das so bleiben.

Die Schule lief hier gut, Herr Will war ein freundlicher und gerechter Klassenlehrer mit guten pädagogischen Fähigkeiten, und ich machte, allen Unkenrufen in der E-Schule zum Trotz, ein passables Abitur.

Danach gab es einen großen Abschluss-Ball, auf dem alle Schüler der Abiturklassen und deren Familie eingeladen waren. Meine Eltern und mein Freund kamen nicht, ich musste allein hingehen. Ein Ballkleid war für mich auch nicht drin, aber gut angezogen tat es auch, und das Büfett war wirklich toll.

KAPITEL IV

Die Studienzeit in Heidelberg

Nach dem Abitur schien mir die ganze Welt offen und alles für mich machbar zu sein.

Mein Freund hatte sich einen alten Volvo gekauft, und so packten wir meine Sachen in sein Auto und fuhren dann zuerst zu ihm nachhause in den Hunsrück, nach Sevenich zu seinen Eltern. Diese nahmen mich kühl mit gewissen Ressentiments, aber doch offen auf. Georg hatte noch drei ältere Geschwister mit schon vollständigen Familien. Eine Schwester wohnte mit ihrem Mann und einer Tochter, die gerade in die Schule kam, im Nachbarhaus. Die andere lebte mit ihrem Mann in der Nähe des Ruhrgebietes und war schwanger. Und der Bruder mit seiner Frau und den drei Kindern hatten eine Wohnung in einem Nachbarort.

Georgs Eltern zeigten mir in diesem Sommer stolz alle Sehenswürdigkeiten des Umlandes von Sevenich: Kastellaun, Koblenz, die Porta Nigra von Trier, Kloster Lorsch, den Laacher See, das Rheintal, Burg Eltz. Sie hatten auch einen riesengroßen Garten, bestehend aus einer endlosen Rasenfläche umgeben von einer Hecke und einem Grillplatz unter einem alten Baum hinter dem Haus. Dort veranstalteten sie oft schöne Grillfeste mit Spießbraten und mein 21ster Geburtstag wurde auch dort gefeiert. Es war ein sehr schöner und sorgenloser Sommer für mich.

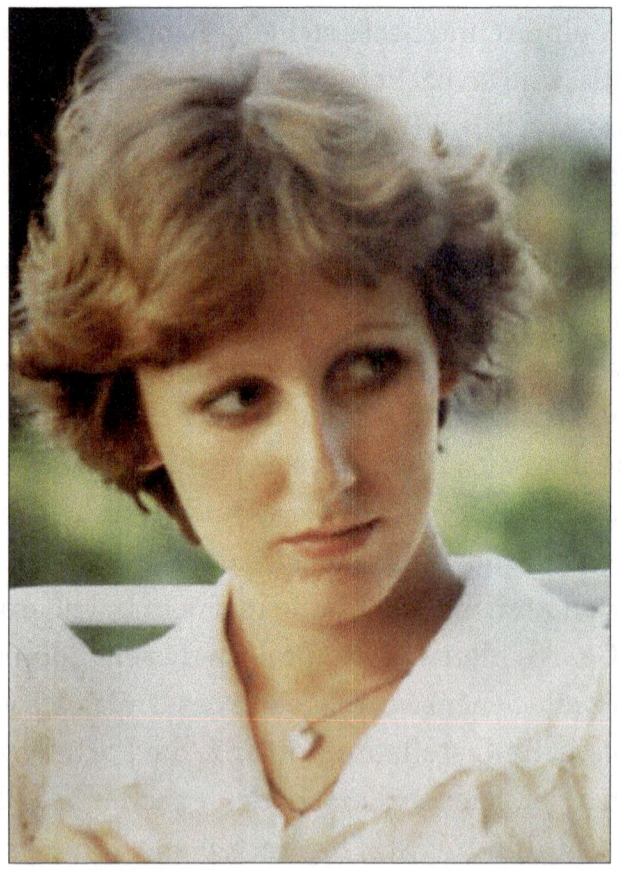

Mein 21. Geburtstag im Garten von Georgs Eltern

Für das Wintersemester 1975–76 hatte ich mich an der Hochschule für Kirchenmusik zur Aufnahmeprüfung angemeldet und mir schon mal provisorisch ein Zimmer in der Nähe des Instituts gemietet. Es war eine Bodenkammer, welche über eine ausziehbare Bodentreppe zu erreichen war, und mich etwas an das Bild von Carl Spitzweg „Der arme Poet" erinnerte. Es war eine Dachkammer mit Dachluke als Fenster, in die lediglich ein schmales Bett, ein Schrank und ein kleiner Tisch passten. Waren so etwa 6 qm Wohnfläche unter schrägem Dach. Dies musste für das Erste reichen.

Die Aufnahmeprüfung bestand ich, man mokierte sich jedoch über meine angeblich viel zu weichen, hyperbeweglichen Finger und schrieb mich deshalb lediglich für die C-Prüfung ein. Ich dachte mir, fang erst mal an, das wird bestimmt durch die Übung besser, und dann kannst Du ja noch auf die B-Prüfung aufstocken.

Aber hier war alles hierarchisch festgelegt. Ich wurde von vornherein in einen Topf gesteckt, aus dem heraus zu wachsen, mir nicht erlaubt war. Ich durfte mich nur für bestimmte Seminare anmelden und bekam einen festen Übungsplan, an dem immer ein bestimmter Raum mit einer Orgel zum Üben für jeweils eine Stunde für mich zur Verfügung stand. Wer ansonsten kein eigenes Instrument hatte, dem mussten die angebotenen Übungsmöglichkeiten reichen. Auch waren die Tage dazwischen zusätzlich in feste Stundenpläne eingegliedert. Chorprobe, Gehörbildung, Gesangs-, Klavier- und Orgelunterricht. Gerne hätte ich das Komponieren gelernt; denn in meinem Kopf wimmelte es damals von Tönen und Melodien, aus denen ich gerne etwas gemacht hätte. Aber in diese Seminare durfte ich nicht, sie seien nur für B- und A-Studium Studenten erlaubt, hieß es.

Zwischen den festen Stunden konnte man sich, wenn man wollte und keine Übungsstunde angesagt war, im Aufenthaltsraum aufhalten und auf den nächsten Unterricht warten. Ich kam mir dort vor wie im Knast. An der Wand im Aufenthaltsraum hing eine Uhr bei der das Zifferblatt fehlte, man konnte da nur raten wieviel Uhr es war. Ich malte der Uhr ein Zifferblatt, in die ich unsere gemeinsamen Veranstaltungen in kleinen Cartoon-Zeichnungen einarbeitete. Diese waren dann, der jeweiligen Uhrzeit des Stundenplans zugeordnet, zu sehen.

Die Lehrer und Dozenten waren unkooperativ und unpersönlich, und wenn man im Aufenthaltsraum aus dem Fenster schaute, blickte man auf eine etwa drei Meter entfernte graue Betonwand; denn die Räumlichkeit befand sich neben den Orgelübungszellen im Keller.

An den Wochenenden kam mein Freund Georg aus Marburg, und wir schauten uns zusammen die Altstadt von Heidelberg und die Schlossruine an, oder gingen in den Zoo. In meiner winzigen Bodenkammer hatte ich eine kleine elektrische Kochplatte, auf der man sich eine Büchse Ravioli heißmachen konnte. Oder wir probierten frisch gekauften Federweiser, wie er jeden Tag, um den er älter wurde, anders schmeckte, bis er schließlich nicht mehr zu genießen war.

Ich hatte mir an einem Wochenende, an dem ich meine Eltern in Marburg besuchte, auch mein Fahrrad von zuhause mit der Bahn mitgenommen. So konnte ich schneller von meinem Zimmer in der Kleinschmidtstraße zum Institut gelangen. Und überhaupt, in Heidelberg war man mit dem Fahrrad ebenso schnell unterwegs, wie mit dem Auto.

Im späten Herbst 1975 klingelte es plötzlich mitten in der Nacht bei mir an der Zimmertür und mein Freund Georg stand vor mir. Er hatte sein Jurastudium geschmissen und war noch in derselben Nacht zu mir nach Heidelberg aufgebrochen. Wir verbrachten ein paar Tage zusammen, danach fuhr er nach Marburg zurück, um sich beim Arbeitsamt zu melden.

Nach einigen Monaten hatte ich die Möglichkeit, in ein schönes großes Zimmer in einer WG in der Rohrbachertraße 75, ein Haus aus der Gründerzeit, mit hohen Decken und Bogenfenstern, umzuziehen. Eine Kommilitonin aus meinem Institut war mit dem Studium fertig geworden, und sie vererbte mir ihr Zimmer.

Im Oktober 1977 musste ich meine C-Prüfung machen. Die Prüfung wurde sehr gut, war aber nicht das, was ich eigentlich wollte, ich hatte noch zusätzlich ein Flötenkonzert von Johann-Sebastian Bach mit Cembalobegleitung als Prüfungsstück einstudiert, und dafür auch eine eins bekommen. Zur Begleitung auf dem Cembalo hatte ich einen A-Prüfungs-Studenten gebeten; denn nur die durften auf dem einzigen Cembalo im Haus spielen. Der Raum war für die anderen immer verschlossen. Reichte aber nicht. Weitermachen für die B-Prüfung durfte ich nicht.

Irgendwie kam mir die ganze Geschichte im Nachhinein auch spanisch vor; denn der Hausmeister hatte mich einige Zeit zuvor an einem Abend nach einer Orgelübungsstunde abgefangen, festgehalten, und wollte mich nicht mehr loslassen. „Jetzt hab' ich dich"! meinte er. In meiner Angst biss ich ihn, so fest wie ich konnte, in den Unterarm, um die entstandene Fleischwunde zu meiner Zeugenaussage als Alibi verwenden zu können. Den Blutgeschmack, den ich die ganze Zeit auf meinem Heimweg noch im Mund hatte, werde ich nie vergessen. Meine WG-Mitbewohnerin, die mich dann in der Dusche antraf, sagte, auch wenn es noch nicht dazu gekommen wäre, dass er mir etwas getan hätte, müsse ich zur Polizei. Wir gingen hin und ich zeigte ihn an. Es kam zu einem Prozess wegen versuchter Vergewaltigung und er wurde zu zwei Jahren auf Bewährung verurteilt.

Im Nachhinein denke ich, das war mit der Institutsleitung abgesprochen, man wollte mich raushaben, und der Hausmeister war dann das Bauernopfer; denn damit, dass ich ihn vor Gericht brachte und er verurteilt wurde, hatte man nicht gerechnet. Vermutlich ist er in seiner Hausmeisterstelle geblieben, aber darum musste ich weg. Damit ging die Geschichte für das Institut dann wieder auf.

Ich machte danach an der Uni Heidelberg noch meine Vokatio. Ein Trostpflaster von der Kirchenmusikhochschule. Damit durfte ich an Schulen evangelischen Religionsunterricht geben. Danach wechselte ich meinen Studienort und meldete mich für das Lehramtsstudium der Sekundarstufe I, in den Fächern Geschichte und Geographie, in Dortmund an.

KAPITEL V

Studienzeit in Dortmund

Mein Freund hatte uns in Mengede, einem Vorort von Dortmund, eine kleine Wohnung besorgt. Er hatte schon eine Weile dort in der Nähe bei seiner Schwester gewohnt, und bei einem Freund seiner Familie in dessen kleiner Firma mitgeholfen.

Das Haus war hässlich und zugig, und man schaute vom Wohnzimmerfenster auf einen rumpeligen Hof mit unzähligen Garagen. Allerdings befand sich unten im Erdgeschoss ein Lebensmittelgroßmarkt und über die Straße noch ein zweiter. Zum Einkaufen gab es also genug Möglichkeiten, und ganz nah noch dazu. Die Straßenbahnhaltestelle war auch nebenan. Aber für den Weg zur Pädagogischen Hochschule brauchte ich über eine Stunde, einmal quer durch ganz Dortmund, mit einmal umsteigen, genau wie zu meiner Gymnasialzeit in Marburg auf dem Weg zur Elisabethschule. Nur noch eine ganze Ecke weiter.

Mengede war eine alte Bergbausiedlung mit grauen verrußten Häuschen, die wegen der unterirdischen Gruben oft Risse an den Hauswänden zeigten. Im Vergleich zu Heidelberg fiel mir dieses Studium unglaublich leicht, und so trug ich mich mit dem Gedanken, nach dem Examen aufzustocken. Promovieren wollte ich, und wenn möglich an der Uni bleiben.

Einen richtigen Kontakt zu meinen Kommilitonen oder Kommilitoninnen konnte ich auch hier nicht aufbauen. Es war das alte Problem aus meiner Kindheit. Ich traute mich immer noch nicht, auf jemanden zuzugehen, da ich befürchtete, man könnte es mir als zu aufdringlich anrechnen. Deshalb setzte ich mich oft in die Cafeteria der Uni und wartete, darauf, dass man mich ansprach. Natürlich vergeblich.

1980 starb dann meine pommersche Oma an Krebs und wir fuhren nach Marburg zur Beerdigung. Meine Cousine aus Kassel, zu der ich keinen weiteren Kontakt hatte, hatte sie, sie war Krankenschwester, bis zuletzt gepflegt. Da hatte der Krebs schon Metastasen im Gehirn gebildet.

Dann begann auch meine Gesundheit mir etwas Probleme zu machen. Ich bekam Gallenkoliken und die Diagnose lautete: Ein Gallenstein. Der sollte dann operiert werden, und ich begab mich dazu in eine Dortmunder Klinik, um ihn entfernen zu lassen. Hierbei muss, vermutlich bei der Anästhesie, etwas schiefgelaufen sein. Damals bestand die Narkose aus zwei hintereinander zu verabreichenden Spritzen: Eine zum Einschlafen und danach eine zur Entspannung der Muskeln. Vermutlich hat man bei mir die Spritzen vertauscht, mit dem Ergebnis, dass ich bei vollem Bewusstsein auf dem Tisch lag und weder atmen noch sprechen konnte. Das Ergebnis war pure Panik. Ich sah nur noch, wie eine Schwester rannte und mir schnell eine zweite Spritze nachsetzte, unter der ich dann das Bewusstsein verlor. Damals wurde bei der Gallenblasen OP noch der halbe Bauch aufgeschnitten. Nach der OP hatte ich einen entsetzlich hohen Blutdruck (220:180), wo ich doch sonst ein Mensch war, der mit 90:60 gut leben konnte. Auch ließ man mich nicht auf meine Krankenakte schauen. Der dargelegte OP-Verlauf wurde mir vorenthalten. Wegen des Blutdrucks unternahm man nichts. Ich wurde entlassen.

Sechs Semester waren vergangen und das Staatsexamen stand vor der Tür. Mein Freund Georg war nur noch selten zuhause. Damals kamen die ersten Computer auf den Markt, und er wollte auf Computerfachmann umschulen, wohnte deshalb unter der Woche woanders. So war ich viel alleine und schaffte mir ein Angora-Meerschweinchen an, welches ich Benjamin taufte. Benny durfte neben seinem Käfig frei in der Wohnung herumlaufen und benutzte ein Katzenklo. Immer wenn ich Einkaufen gegangen war, lief er mir freudig quiekend bis zur Wohnungstür entgegen, um sein Salatblatt in Empfang zu nehmen. Ansonsten lernte ich für die Prüfung.

Im Januar 1981 bekam mein Freund Georg an einem Wochenende bei mir zuhause einen Herzanfall und musste in die Klinik gebracht werden. Ich regte mich ziemlich darüber auf. Es schien aber keine schlimmeren Folgen zu haben. Als ich ihn in der darauffolgenden Woche besuchte, ging es ihm schon wieder wesentlich besser.

Einige Wochen später, ich saß in der Küche und wollte mir mein Frühstücksbrötchen schmieren, da wurde mir plötzlich unglaublich schwindelig und übel. Als ich aufstehen wollte, um mich ins Badezimmer zu begeben, versagten meine Beine und ich landete unsanft auf dem Küchenboden. Ich wollte wieder aufstehen und bemerkte dabei, dass ich mich gar nicht mehr richtig bewegen konnte. Da bekam ich es mit der Angst zu tun, wollte um Hilfe rufen und krabbelte ans Telefon, und die Nummer, die mir in diesem Moment einfiel, war die der Auskunft. Die Dame, die mich dort in Empfang nahm, herrschte mich an, ich solle nicht so viel saufen und legte auf. Da wurde mir klar, dass auch mit meiner Stimme etwas nicht mehr in Ordnung war, und ich versuchte mich durch Klopfen an der Wand zur Nachbarwohnung bemerkbar zu machen. Den Nachbarn, ein älteres Ehepaar, fiel das auch auf, sie kamen zu mir und bestellten für mich einen Krankenwagen, der mich in die Dortmunder Uniklinik brachte. Ich kam sofort auf die Intensivstation.

Die Ärzte rätselten, was mit mir los sei und starteten umfangreiche Untersuchungen, jedoch ohne Ergebnis. Nach einer Woche Rätselraten stellte sich heraus, dass ich einen schweren Hirnschlag erlitten hatte, weil ein Blutgerinnsel auf mehrere Zentimeter Länge meine rechte Halsschlagader verstopft hatte und damit mein Stammhirn auf die halbe Größe reduziert worden war. Wenn man das Blutgerinnsel sofort erkannt und entfernt hätte, hätte man mein Stammhirn noch retten können, nach einer Woche des Herumratens jedoch nicht mehr. Man fing dann an, die Thrombose mit Blutverdünnern per Infusion aufzulösen. Meine spastische Lähmung, welche zuerst eine linksseitige schlaffe Lähmung war, würde allerdings nicht mehr verschwinden. Ich war dann noch für eine weitere Woche auf Normalstation, hatte in der linken Körperhälfte kein Gefühl und klemmte mir beim Toilettengang dauernd aus Versehen den linken Arm in der Tür ein. Ich merkte davon nichts. Nach einigen Wochen kam das Gefühl zurück und die Lähmung wurde spastisch, was bedeutete, ich konnte meine Bewegungsabläufe nicht mehr richtig kontrollieren.

Im Nachhinein kann ich aber sagen, ich habe mich mein ganzes Leben lang nie wieder so sicher und glücklich gefühlt, wie in der Woche auf der Intensivstation. Es war immer eine Schwester da, die sich um mich kümmerte. Und man kochte mir, wann immer ich wollte, mein damaliges Lieblingsessen: Grießbrei. Der Grund für den leicht euphorischen Zustand war, denke ich heute, wahrscheinlich eine damalige Mangeldurchblutung des Gehirns.

Dieser Klinikaufenthalt war für mich wie eine Neugeburt in ein zweites Leben, allerdings in das Leben einer Schwerbehinderten.

Auf die Dortmunder Uniklinik folgte die Reha in einer Klinik der Nähe von Dortmund. Mein Studium hatte erst einmal Pause. Ich ließ mir aber trotzdem meine Bücher bringen, um weiter für das Studium zu arbeiten. Für mich stand gleich fest: Sobald ich wieder besser drauf bin, melde ich mich nochmal für die Prüfung an.

Einige junge Ärzte wollten herausfinden, wieso ich im Alter von 25 Jahren so etwas bekommen konnte und punktierten mein Rückenmark. Die schlaue Diagnose lautete: Friedreich-Ataxie, eine progrediente erbliche Nervenerkrankung, für Laien vergleichbar mit MS. Meine Neurologen konnten in meinem weiteren Leben diesen Befund jedoch nicht erhärten, vielleicht sagten sie mir aber einfach auch nicht die Wahrheit, um mir nicht die Hoffnung für meine Zukunft zu nehmen. So schwebte das Krankheitsbild weiterhin wie ein Damoklesschwert über meinem Leben. Aber Aufgeben kam für mich nie infrage, und so sagte ich mir, ganz gleich, was für eine Krankheit ich habe, ich mache weiter.

Nach einem Jahr des Pausierens ging ich an die Uni zurück. Der Professor, der meine Staatsarbeit betreute, machte mich mit einem behinderten, im Rollstuhl sitzenden Studenten bekannt. Er meinte, wir sollten uns des Öfteren mal treffen; denn von ihm könne ich jetzt etwas lernen. Dieser zeigte mir dann auch so einige Kniffe, wie man mit bestimmten Tricks seinen Alltag als behinderter Mensch meistern könnte. Und er machte mir Mut, mit meiner neuen Lebenssituation zurecht zu kommen.

Als er von meinem Zeichentalent für Karikaturen erfuhr, meinte er, ich solle meine Probleme in dieser Form aufzeichnen, er würde mir dann helfen, ein Buch daraus zu machen. Dies würde auch andere behinderte Menschen sicher aufmuntern, und damit auch für andere behinderte Menschen hilfreich sein. So fing ich nach langer Zeit des Pausierens wieder an zu zeichnen, und malte damit auch mir auf diese Weise meine Probleme von der Seele. Die Buchbinderei, der ich dann meine Staatsarbeit anvertraute, machte auch hieraus ein Büchlein.

1983 machte ich mein Staatsexamen und bereitete mich auf eine Wartezeit bis zum Beginn des Referendariats vor.

Bilder aus meinem Behinderten-Cartoon-Büchlein sind im Anhang A.

KAPITEL VI

Wartezeit und Referendariat

Georg mietete für uns eine Wohnung im Hundsrück, in Emmelshausen, einem Nachbardorf zum Wohnort seiner Eltern. Sie wohnten genauso im vorletzten Haus im Dorf wie mein Onkel bei Kassel. Zuvor hatte ich mich in Siegen für das Referendariat angemeldet, und mir dort auch schon eine Wohnung für nach der Wartezeit von einem Jahr ausgesucht. Bis dahin wohnte ich in Emmelshausen. Allerdings war Georg auch hier nur sporadisch an den Wochenenden anwesend, und seine Familie hielt jetzt irgendwie von mir Abstand. Nie bekam ich Besuch von seinen Angehörigen. Seine Mutter putzte die Wohnung nur, wenn ich nicht da war. Sie ging mir aus dem Weg. Ich fühlte mich sehr einsam und traurig und begann zu töpfern, um mich abzulenken. Meine Bewegungsabläufe waren sehr spastisch geworden. Wenn ich auf der Straße lief, starrten mich die Leute an oder warfen mir mitleidige Blicke zu. Ich fühlte mich wie in einem Glaskasten eingesperrt. Niemand wollte etwas mit mir zu tun haben, nur anstarren war angesagt.

Mein psychischer Zustand wurde wieder depressiv und ich beschloss, eine Kur zu machen. Dort musste kommen, was kommen musste: Ich lernte einen Herrn kennen, in den ich mich verliebte. So bildete sich nach und nach der Plan, dass er mich aus Emmelshausen herausholen sollte; denn ich hielt das Stigma dort nicht mehr aus.

Er holte mich dann unter der Woche mit einem kleinen Umzugsauto ab und ich verschwand mit ihm aus Emmelshausen. Mein alter Freund hat dann am kommenden Wochenende eine leergeräumte Wohnung vorgefunden, in der nur noch seine Möbel standen. Mir ist heute klar, dass das keine elegante Lösung war, aber ich war damals zu verzweifelt für eine bessere. Danach habe ich die restliche Wartezeit bei meinem neuen Freund verbracht, und bin danach nach Siegen in die schon angemietete Wohnung umgezogen, um das Referendariat zu beginnen.

Siegen war eine Stadt am Berg, und der Weg in meine Ausbildungsschule ging einen langen steilen Weg bergab, der mir mit meiner Spastik viel Kraft abverlangte. Einen Führerschein hatte ich zu dieser Zeit noch nicht, und mit dem Fahrrad fahren konnte ich seit dem Hirnschlag nicht mehr. Eine vernünftige Busverbindung gab es leider auch nicht. So war tägliches Laufen angesagt. In der Schule ging es aber gut voran, das Lehrerkollegium nahm mich freundlich auf, und mit meinen Schülern kam ich ebenfalls gut zurecht. An den Wochenenden kam mein neuer Freund zu Besuch und wir machten mit seinem Auto Ausflüge ins Siegerland. Es war eine schöne Zeit, die nur leider nicht lange anhalten sollte.

Nach ungefähr einem Jahr wurde mir plötzlich im Lehrerzimmer so schlecht, dass man mich zum Arzt bringen musste. Und der stellte fest: Ich war schwanger! Ich hatte zwar immer verhütet, nur leider nicht mehr mit der Pille; denn die durfte ich aufgrund des Hirnschlags nicht mehr nehmen. Der Ersatz hatte versagt.

Ich geriet in Panik, was sollte ich nun tun, und dann war da noch die mögliche Diagnose mit der degenerativen Krankheit Friedreich-Ataxie. Meine Mutter würde auch keinerlei Verständnis haben, das wusste ich.

Ich brach Hals über Kopf das Referendariat ab, meine Eltern hüllten sich in Schweigen, gingen auf Abstand, und schickten meine Patentante und meinen Onkel, um mich mit einem Mietauto nach Marburg abzuholen. Der Vater des Kindes hatte auch keine Meinung zur Lage der Situation, und machte sich dünne.

Zuhause in Marburg behandelte mich meine Mutter mit Verachtung, in ihren Augen hatte ich versagt, mich gehenlassen, und die Konsequenzen müsste ich dann eben nun ausbaden. Sie nahm mich jeden Tag, wenn sie zwei Mal am Tag unseren Hund Gassi führte, mit auf den Hundeauslauf. Ich müsse jetzt viel spazieren gehen, meinte sie.

Ich fand diese diskriminierende Situation so unerträglich, dass ich mich in der Frauenklinik zur Beratung, auch wegen meines Gesundheitszustandes, anmeldete. Ich fühlte mich nicht in der Lage ein Kind zu bekommen, und dann noch bei Eltern, die mich dafür verachteten.

So entschloss ich mich, schweren Herzens, für eine Schwangerschaftsunterbrechung, und begab mich dazu in die Marburger Frauenklinik. Meine Eltern und auch der Vater des Kindes meldeten sich nicht mehr. Auch in der Frauenklinik lief alles sehr diskriminierend ab. Nach dem Eingriff kam ich in ein 10-Bett-Zimmer, und es kam dort auch kein Besuch zu mir. Die Frauen, die mit mir im Saal lagen, versuchten mich aufzumuntern, gaben mir sogar von ihren Blumensträußen ab, die sie von ihren Besuchern bekommen hatten.

Mein Hormonspiegel fiel ins Bodenlose, und als ich wieder zuhause bei meinen Eltern war, und diese mich wegen des Abbruchs missachteten, beschloss ich, mich umzubringen. Ich schnitt mir die Pulsadern auf. Mein Vater fand mich und brachte mich in die Nervenklinik.

Dort wurde ich wieder etwas aufgepäppelt und man sagte mir, ich müsste auch nicht mehr nachhause zu meinen Eltern, wenn mich diese so diskriminierend behandelten. Meine Mutter besuchte mich dort einmal. Sie brachte unseren Hund mit, und als wir zusammen mit ihm vor der Eingangstür der Klinik standen, meinte sie zu mir, ich müsse jetzt aber aufpassen, dass mich der Hund nicht anpinkeln würde.

Dieser Satz hat mir dann den Rest gegeben, unser Hund hätte so etwas nie getan. Die Verachtung, die hinter diesen Worten steckte, kam allein von meiner Mutter.

KAPITEL VII

Meine Zeit in Gießen

Nach zwei Wochen in der Klinik kam eine nette blonde Frau, und nahm mich mit zu sich nach Gießen. In eine Wohngemeinschaft mit noch drei, psychisch kranken, schwerbehinderten Menschen. Diese lebten dort zusammen mit der Pflegefamilie und wurden wie die eigenen Familienmitglieder behandelt. Ich fühlte mich dort, nach anfänglicher Trauer, recht wohl.

Es war wie in einer großen Familie mit mehreren Geschwistern. Geschwister, die ich bis dahin ja nie gehabt hatte. Die eigenen Kinder der Familie lebten mit uns zusammen. Allerdings mussten wir auch helfen, ihre Hausarbeit mit zu erledigen. Wir waren so gesehen billiges Personal, was man nicht zu bezahlen brauchte, sondern wofür man noch Geld von der Pflegekasse bekam. Dafür bekamen wir zu essen, ein Bett, und menschliche Zuwendung. Ich erinnere mich gerne an diese Zeit in der Pflegefamilie zurück. Die Atmosphäre war eine wesentlich liebevollere als die bei mir zuhause, und ich verdanke diesen Leuten einen nicht geringen Teil meiner sozialen Entwicklung.

Die Familie war religiös geprägt, sie waren Mormonen und nahmen uns jeden Sonntag in ihre Gemeinde mit. Ich ließ mich damals auch taufen und erteilte dann den Frauen der Gemeinde, nach einer kurzen gemeinsamen Anfangsfeier wurde der Gottesdienst geschlechtergetrennt gehalten, aufgrund meiner Befähigung in der Vokatio, die weitere Bibelstunde. Dies erinnerte mich an meine eigene Kindergottesdienstzeit in meiner Kindheit. Dort hatte meine Mutter immer eine Kindergruppe betreut.

In dieser Zeit in Gießen habe ich dann auch meinen Führerschein gemacht, und mir, natürlich auf Raten, meinen ersten VW-Golf gekauft. Das wäre zuhause nicht möglich gewesen. Auch fing ich wieder an zu zeichnen und zu malen.

2x Jerzens, Hochzeiger Pitztal, Tirol

Auf einem Winterurlaub mit der Familie in Österreich entstanden viele schöne Landschaftsaquarelle vom „kleinen Walser-Tal", und diese zierten dann das ganze Haus der Pflegefamilie. Im Sommer feierte ich dort mit allen zusammen meinen 30sten Geburtstag. Es war eine große Feier mit viel Kuchen und Kaffee. Dazu hatte ich mich entschlossen, wieder Kontakt zu meinen Eltern aufzunehmen, indem ich sie auch einlud.

Danach war meine Zeit in dieser Wohngemeinschaft zu Ende. Ich hatte mir in Gießen, in der Karl-Franz-Straße, eine kleine Wohnung gemietet, und beschlossen, nochmal mein Referendariat anzugehen. Mit meinem Auto, welches ich mir im nahegelegenen Autohaus Scheller gekauft hatte, war ich ja jetzt auch viel beweglicher. Die vielen Fahrten in die unterschiedlichen Ausbildungsschulen zu den Unterrichtsbesuchen der Mitreferendare waren so kein so großes Problem wie in Siegen, wo ich mir immer erst jemanden suchen musste, der mich dann mitnahm. Schwer wurde es aber trotzdem, ich hatte ja auch das Bundesland gewechselt. In Siegen war alle ganz leicht gewesen, meine Kollegen waren freundlich, und auch die Schüler machten mir keine Probleme. Ich unterrichtete dort in einer Mittelschule. Hier in Hessen kam ich in eine Gesamtschule, die in einem sozialen Brennpunkt der Stadt gelegen war. Zu dieser Zeit war dort auch noch gerade der Rektor verstorben und noch kein neuer im Dienst. Die Probleme während des Unterrichts wurden dominant. Man beschimpfte mich mit „Spasti" und akzeptierte mich nicht als behinderte Referendarin. Die Kollegen kümmerten sich nicht um das Problem, sie waren zu sehr damit beschäftigt, wer von ihnen denn der neue Rektor oder die neue Rektorin werden sollte. Ich hielt die gesamte Zeit des Referendariats durch, meldete mich dann aber nicht mehr zur Prüfung an, weil ich zu sehr mit den Nerven am Ende war. Ein Fehler, den ich mir, im Nachhinein gesehen, nie verziehen habe. Man hatte mir noch vorgeschlagen, die Schule zu wechseln.

Was folgte, war, als hätte ich mich von einem Hochhaus gestürzt. Ein Fall ins Bodenlose, von dem es fast zehn Jahre dauerte, bis ich mich wieder einigermaßen etabliert hatte. In den Augen meiner Mutter hatte ich versagt. Sie meinte, ich hätte sie enttäuscht und wäre somit nicht mehr ihre Tochter. Mein Vater hüllte sich dazu in Schweigen. Der Kontakt nach Marburg zu meinen Eltern riss wieder ab.

Die Verbindung zu der Mormonenkirche brach ich ab. Sie mischten sich zu sehr in meine privaten Angelegenheiten, fand ich. Wollten mich bevormunden, mit wem ich privat Kontakt haben dürfte und mit wem nicht. Das ging mir zu weit. Es wurde aber schwer, sie loszuwerden. Die Missionare der Kirche rückten mir beständig auf den Pelz und wollten mich wieder zurückholen. Ich war ja für sie auch ein Wirtschaftsfaktor; denn die „Kirchensteuer", die ich jetzt nicht mehr bezahlte, betrug bei ihnen alttestamentarisch den zehnten Teil des Bruttoeinkommens. Los wurde ich sie erst, als ich nach Marburg umzog und bewusst niemandem im Haus meine neue Anschrift hinterließ.

Ich nahm noch einmal telefonisch Kontakt zu meinem Jugendfreund auf. Wollte mich für das kommentarlose Verschwinden aus Emmelshausen entschuldigen, und dachte, vielleicht könnte man lose in freundschaftlichem Kontakt verbleiben. Aber er wirkte kalt und fremd, nahm die Entschuldigung nicht an, meinte seine Familie hätte mich sowieso nie gemocht. Dies war dann für mich ein guter Grund, mit diesem Kapitel aus meinem Leben mit gutem Gewissen endgültig abzuschließen. So wäre aus uns sowieso nie etwas geworden. Heute denke ich, er hatte sich schon lange, als wir noch zusammen waren, nach einem Ersatz für mich umgesehen gehabt.

Ich brauchte jetzt als erstes erst einmal wieder einen Job; denn ich musste auch noch meine Bafög-Schulden zurückbezahlen. 30 000 DM in Raten, das würde mich noch eine Weile beschäftigen. Nach einem Jahr Arbeitslosigkeit, in dem ich auch lernte, was es heißt, nichts zu essen zuhause zu haben, und ich mich fast nur von Pfannekuchen ernährte. Ein wilder Apfelbaum auf der Wiese vor meinem Balkon hat mir damals ein bisschen geholfen, die Pfannekuchen mit seinen kleinen Äpfelchen etwas zu veredeln.

Danach kam ich bei der Gießener Telefonauskunft unter, und wechselte nach einem halben Jahr ganz zur Telekom, für eine Ausbildung im mittleren Postdienst. Dort kam ich in ein Büro mit einer Frau, die rauchte Kette, sodass unser Zimmer ständig in Rauch gehüllt war, was ich gesundheitlich nur sehr schlecht vertrug. Meine Aufgabe war es hier, dauernd Leute anzuschreiben, die einen neuen Telefonanschluss beantragt hatten. Ich hatte ihnen den Termin mitzuteilen, wann die Handwerker zum Kabellegen kommen würden. Handys, wie wir sie heute haben, gab es noch nicht. Die Schulung zur nebenbei laufenden Ausbildung war schrecklich langweilig, und mein Chef meinte dann auch, eine solche Verwaltungstätigkeit wäre für mich, aufgrund meiner Vorbildung, auf Dauer nicht das Richtige. Aber was wäre das Richtige? Vielleicht noch einmal ein Studium?

Das Arbeitsamt bot mir ein Studium zur Verwaltungsinspektorin an, mit Studienplatz in Mannheim. So beschloss ich, noch einmal Studentin zu sein, und nahm mir ein kleines Zimmer in einer Mannheimer WG. Mir war zwar schon klar, dass ich kein Verwaltungsmensch war, aber die Stelle, die ich nach dem Studium bekommen würde, wäre ein Job als Arbeitsvermittlerin im Arbeitsamt gewesen. Ich hätte dann wenigstens nicht nur mit Telefonkabeln zu tun, sondern mit Menschen, die eine Arbeit suchten, also traute ich mich.

Dieses Studium erwies sich jedoch als gänzlich ungeeignet für mich, es bestand größtenteils aus juristischem Paragraphenpauken, was mir gar nicht lag. So musste ich es abbrechen und ging wieder nach Gießen zurück. Im Kopf behalten habe ich, dass ich dort einen blinden Mitstudenten/Kommilitonen getroffen habe, der mir seine Tricks erzählte, wie er, ohne sehen zu können, gut durchs Leben kam. Wenn er sich zum Beispiel eine Tasse Kaffee eingoss, hielt er immer einen Finger mit in die Tasse, und fühlte so, wann sie voll war. Er sagte mir, er habe seinen Sehsinn durch seinen Tastsinn größtenteils ersetzt. Das hat mir sehr imponiert, und mir gezeigt, dass sich für Vieles immer neue Wege finden lassen.

In Gießen fing ich dann beim Amt für Straßen- und Verkehrswesen an und landete in der Poststelle und Telefonzentrale unten im Flur neben dem Eingang des Hauses.

Heute würde ich dazu sagen, ein Sprung vom Regen in die Traufe war das. Das einzig Gute war, man sah mich dort nur sitzen, und hatte so keine Gelegenheit, sich über meinen spastischen Gang zu mokieren. Und das Amt hatte eine kleine Mensa, wo man zu Mittag warm essen konnte. Der Raum dafür war gleich nebenan. Ich langweilte mich schrecklich an meinem Arbeitsplatz, und fing an, neben meiner Telefonzentralenarbeit wieder Cartoons zu zeichnen. Mein Dienst begann jeden Morgen um sieben, wenn die anderen kamen, saß ich schon auf meinem Platz.

1996 bekam ich mir abends einen Telefonanruf aus Marburg von einem Mann mit Namen Thomas Mensdorf, der sich mir als ein Freund von einem Heinrich Theis, meinem Vater, vorstellte. Er fragte mich, ob ich seine Tochter sei. Meine Mutter sei sehr krank, und ich müsse unbedingt nach Marburg kommen; denn mein

Vater wäre damit überfordert, sich um sie zu kümmern.

Ich beschloss sofort nach Marburg zu fahren, um nach dem Rechten zu sehen, und nahm noch am selben Abend den Zug. Mit dem Auto fahren durfte ich zu dieser Zeit nicht, da sich aufgrund meines Hirnschlags eine Narbe am Stammhirn gebildet hatte, die unter Stress epilepsieartige Ausfälle hervorrufen konnte. Ich war zwar schon auf dagegenwirkende Medikamente eingestellt worden, musste aber mindestens ein halbes Jahr warten, bis ich wieder Autofahren durfte.

Ich fand meine Mutter unter heftiger Atemnot im Bett, und beschloss, sie sofort in die Klinik bringen zu lassen. Am nächsten Morgen lernte ich dann auch den Mann kennen, der mich als Freund meines Vaters und meiner Mutter am Abend zuvor angerufen hatte. Er war ein Nieren-Dialysepatient, der vor kurzer Zeit eine Spenderniere bekommen hatte, und abends immer mit meinem Vater als Hobby-Funker zugange gewesen war. Wir blieben in Kontakt, und er half meinem Vater und mir, einen Heimplatz für meine Mutter zu finden; denn nachhause zu kommen war nicht mehr möglich.

1997 starb meine Mutter. Ich hatte ihre Beerdigung nach ihren Wünschen über die evangelische Paulus-Kirche organisiert, und für die nachfolgende Feier den großen Raum im Café Renz gemietet. Die Familie meines Onkels und die Verwandtschaft meiner Patentante waren dort ebenfalls anwesend, und ich merkte, wie man hinter meinem Rücken die Köpfe zusammensteckte und über mich tuschelte. Mich auf der Feier direkt angesprochen hat damals niemand von ihnen.

Herr Mensdorf war als Freund der Familie auch mit auf der Beerdigung. Mein Vater hatte ihm noch ein weißes Hemd von sich geliehen; denn er selbst besaß keines. Als wir danach wieder zurück in der Großseelheimer Straße waren, begannen wir zum Ausklang des Tages in den Familien-Fotoalben zu blättern. Wir kamen auf eine Seite, auf der ich im Alter von 12 Jahren zu sehen war. Da meinte Herr Mensdorf plötzlich: „Dieses Mädchen kenne ich doch!" Und er erzählte mir die Geschichte, wo ich damals nach dem Hausaufgaben-Treffen mit meiner Schulfreundin alleine vor einem Haus in der Friedrich-Ebert-Straße auf einem Stromkasten gesessen, und ihn und seine Brüder nach dem Weg in die Großseelheimer Straße gefragt hatte, von seiner Sichtweise aus. Er hätte so gerne gewollt, dass ich noch zum Spielen bei ihnen geblieben wäre, aber ich hätte keine Zeit gehabt und nachhause gemusst. Danach beschlossen wir, ab jetzt in Kontakt zu bleiben, telefonierten gelegentlich miteinander, und Herr Mensdorf besuchte mich ab und zu in Gießen.

Die Tage meines Arbeitsplatzes am Amt für Straßen- und Verkehrswesen waren gezählt, es sollte in Gießen aufgelöst werden. Und so fing man an, einzelne Etagen zu vermieten. Das siebte Stockwerk ging an das Hessische Landesamt für Pädagogik.

Als ich das Stichwort „Pädagogik" hörte, wurde ich hellhörig, ich hatte doch Lehramt studiert. Und als dann eines Nachmittags ein Herr bei mir in der Zentrale vorbeikam und sich als Leiter dieses Instituts vorstellte, nahm ich meinen ganzen Mut zusammen, und fragte ihn, ob er etwas für mich tun könne, da ich quasi ein gestrandeter Kollege von ihm wäre. Erstaunlicherweise hörte er mir aufmerksam zu, meinte, er würde mal sehen, ob er da etwas machen könne. Dann sah er sich die Räumlichkeiten des siebten Stockwerks an, und verschwand wieder.

Die Folgen dieses Gesprächs waren, dass ich zum staatlichen Schulamt in Gießen abgeordnet wurde. Da ließ man mich zuerst Akten einsortieren, und danach musste ich deren Archiv neu ordnen. Dort war alles durcheinander, und niemand blickte mehr durch. Ich habe heute noch den staubigen Geruch meiner Kleidung in der Nase, und in Erinnerung, dass ich mich jeden Abend, wenn ich nachhause kam, sofort komplett umgezogen habe. Nach etwa einem halben Jahr war das Archiv wieder in Ordnung. Als ich dann mit einer Bewerbung bei der dortigen Sekretärin auftauchte, meinte diese, in diesem Amt sei kein Platz, aber es habe sich schon jemand für mich interessiert, der mich unbedingt haben wolle.

Ich kam zurück in das Amt für Straßen und Verkehrswesen, aber man schickte mich in den 7. Stock, der vom Hessischen Landesinstitut für Pädagogik angemietet war. Dort nahm mich der freundliche Herr, den ich vor einigen Monaten in der Telefonzentrale im Eingangsbereich angesprochen hatte, in Empfang. Er stellte sich mir als Herr Keiner, Chef des Amtes, vor und sagte, ich würde ab jetzt seine Bibliothek betreuen. Für mich war er der Engel, der ohne sich dieser Eigenschaft bewusst zu sein, in mein Leben getreten war. Und ich verehrte ihn dafür in der gesamten Zeit, in der ich mit ihm zusammenarbeitete, und tue es auch weiterhin. Ich richtete ihm seine Bibliothek nach dem Muster der

Unibibliothek von Marburg ein, und ich glaube, er war auch sehr stolz darauf; denn er ließ die Chefin des Marburger Hessischen Landesinstituts kommen, um sich die „Miniunibibliothek" anzusehen.

Cartoon an der Eingangstür der HeLP-Bibliothek

*Meine Arbeitskollegen vom Hessischen
Landesinstitut für Pädagogik*

Ab dann war ich glücklich. Ich war wieder unter Kollegen. Im Amt arbeiteten Lehrer und Lehrerinnen, die sich auch mit der Planung von Unterricht beschäftigten. Und für die Literatur, die sie dazu benötigten, war ich zuständig. Ab jetzt gab es auch keine Kommunikationsprobleme mehr, wie in den anderen Ämtern zuvor. Ich schwamm wieder „auf derselben Wellenlänge" und niemand hier wagte es, mich für „bekloppt" zu halten, weil er nicht verstanden hatte, was ich sagen wollte. Für mich war dieser Arbeitsplatz ein Paradies. Herr Keiner, mein Chef, ein typischer Vertreter der 68ger Studentengeneration und antiautoritärer Demokrat, führte sein Amt wie eine große WG, in der jeder darauf achtete, dass alles „rund lief".

**Immer und an jedem Ort
komm ich mit'nem Handy fort!
Kann ich es genießen,
dass die Welt mir liegt zu Füßen.**

*Herr Keiner hat von seinen Mitarbeitern
ein Handy geschenkt bekommen*

Jeden Dienstag trafen wir uns im „Sozialraum" zu einem gemeinsamen großen Frühstück, zu dem jeder, der mochte, etwas mitbringen konnte. Diese Dienstage waren immer ein besonderes Ereignis: Die große Tafel, auf der, von jedem mitgebracht, etwas zu essen und Kaffee stand. Und die tollen gemeinsamen Gespräche, in denen auch dienstliche Notwendigkeiten besprochen wurden.

Im Jahr 2000 merkte ich, dass mein gesundheitlicher Zustand schlechter wurde. Das selbständige Laufen wurde schwieriger, ich bekam Gleichgewichtsstörungen. So beschloss ich, mir einen Rollator zuzulegen. Diesen nahm ich dann ins Institut mit und bewältigte nun auf diese Weise die langen Gänge. Auch fragte ich Herrn Mensdorf, ob er nicht nach Gießen ziehen wolle; denn bei mir im Haus war eine alte Dame gestorben, und somit ihre Wohnung frei geworden. Dann könnten wir uns nach Bedarf gegenseitig helfen, ich ihm bei Schreibarbeiten, er mir bei handwerklichen Dingen, war mein Argument. Und außerdem war ein neues Dialysezentrum quer über der Straße entstanden, falls er so etwas mal wieder brauchen würde, dann wäre es gleich nebenan. Er willigte ein und zog zu mir ins Haus nach Gießen, in die freigewordene Wohnung, auf dem Stockwerk über mir.

Nach einigen Jahren wurde das Haus des Amtes für Straßen und Verkehrswesen in der Marburger Straße verkauft, und wir mussten dort ausziehen. Wir zogen in die Häuser auf dem Gelände des vor einiger Zeit aufgelösten und hinter meinem Wohnhaus liegenden Bundeswehrkrankenhauses. Speziell in das dortige Haus 15, in welchem auch schon früher mein altes Studienseminar untergebracht worden war, in dem ich mein Referendariat gemacht hatte.

Alle unsere Leute wie geplant mit im Staatlichen Schulamt am Bahnhof unterzubringen, war nicht möglich gewesen, da die Räumlichkeiten dort fehlten. Mein Chef Herr Keiner und sein Vertreter Herr Keller versuchten es für eine Weile dort. Sie wurden aber zusammen in ein extrem enges Büro gesteckt, und Herr Keiner sollte sich den Chefs des Schulamtes unterordnen, was er nicht wollte. So beschloss er vorzeitig in Pension zu gehen.

Herr Keiner und sein Vertreter in ihrem „Minibüro" im Staatlichen Schulamt

Mein Weg zur Arbeit war jetzt zu einem fünfminütigen Trip geworden, welcher allerdings für mich mit meiner Gehbehinderung auch nur mit dem Auto zu bewältigen war. Nach dem täglichen Dienst im Hessischen Landesinstitut meldete ich mich in einem Fitnessstudio in Kleinlinden an. Ich musste bei meiner möglichen Diagnose FA, auch wenn zurzeit die Symptome dazu noch kaum bei mir aufgetaucht waren, für alle Fälle damit rechnen, dass meine Nervenstörungen stärker werden würden. Ich beschloss, meine Muskeln zu kräftigen, um mich selber aus einem eventuellen zukünftigen Rollstuhl hochdrücken zu können. Mein eigenes Gewicht zu stemmen war das Ziel, welches ich konsequent anging.

Aufgrund meines täglichen Besuches gewann ich dort zweimal eine Ballonfahrt. Die erste war wunderschön, die Ruhe über den tieffliegenden spärlichen Wölkchen am Sommerhimmel unbeschreiblich. Bei der zweiten war das Wetter schlechter, es war eigentlich zu windig, und wir konnten nicht hoch aufsteigen. Ich meine auch, da ich zum zweiten Mal gewonnen hatte, machte man sich nicht mehr die Mühe, die Fahrt schön zu gestalten.

Sommerfest nach Ballonfahrt

Auch beschloss ich, wieder in einem großen Kirchenchor mitzusingen und meldete mich beim Kantor der Johanneskirche von Gießen. Der war natürlich aufgrund meiner musikalischen Vorgeschichte sehr erfreut und nahm mich gerne in seinen Chor auf. Mir fehlte das Singen der großen klassischen Chorwerke, und ich wusste, dass sein Chor sie aufführte. Solche Konzerte mit großem Orchester waren immer ein Erlebnis gewesen. Ganz besonders, wenn man da selber mitmachte.

2006 hörte Herr Mensdorfs Spenderniere auf zu arbeiten und er musste wieder zur Dialyse. Es war ein Schock und sehr traurig für ihn. Die Niere hatte in seinem Körper zehn Jahre lang gearbeitet, war dann aber zu einem Kalkklumpen zusammengeschrumpft. Man vermutete, dass kein Transplantat bei ihm halten würde, da vermutlich ein Problem mit seiner Schilddrüse bestünde, welches operiert werden müsse. Sein zweites Transplantat hatte das erste lediglich um drei Jahre überlebt. Das einzig Gute war jetzt, die Dialyse befand sich in der Nachbarschaft. Dazu musste er nur über die Straße laufen.

2007 mussten dann das Hessische Landesinstitut von Gießen und auch das von Marburg schließen. Es sollte eine große Abschlussfeier im Schloss Rauischholzhausen stattfinden, zu der jeder, der wollte, etwas beitragen konnte.

Ich beschloss, mal wieder an meinem schon seit der Studentenzeit brachliegenden Schauspieltalent zu arbeiten, und begann mir den Auftritt eines Schlossgeistes auszudenken.

Dieser sollte sich an die konkrete historische Geschichte des Schlosses und des Schlossherrn anlehnen, und auch zu meiner Behinderung passen. Dazu gehörten Internetrecherchen, für die ich während meiner Arbeit ab und zu Zeit hatte; denn in meiner Bibliothek war im Moment nicht so viel los.

So entwarf ich die Figur eines Kammerdieners des Schlossherrn, der durch einen Unfall ums Leben gekommen war und nun als Geist durch das Schloss irrte. Durch den Unfall hatte er sich eine, nämlich meine, Behinderung zugezogen und war daran in der Rolle auch gestorben und zum Schlossgeist geworden. Jetzt hieß es, er würde erlöst, wenn er den Leuten vom hessischen Landesinstitut seine Geschichte und die Geschichte des Schlosses und seines Schlossherrn erzähle. Als Helfer bräuchte es dazu einen lebendigen adeligen Herrn, der ihm bei seiner Erlösung helfen müsse. Einer unserer Mitarbeiter hatte ein „von" in seinem Namen. Ich suchte ihn deshalb dazu aus, in meiner Geschichte als Begleiter mitzuspielen, um dem Ganzen etwas mehr Authentizität zu verleihen.

Dann lieh ich mir vom Gießener Stadttheater ein passendes Kostüm und machte mich am Tag meines Auftritts entsprechend zurecht. Und ich lernte die Sütterlin-Schrift und schrieb alle Einladungen in dieser Schreibart.

Der Auftritt wurde ein Erfolg, eine Dame der Schlossverwaltung kam hinterher zu mir, und wollte mich für immer engagieren, was ich aus gesundheitlichen Dingen leider ablehnen musste. Sie musste den schon mitgebrachten Vertrag leider ohne meine Unterschrift wieder mitnehmen.

Traurig war für mich an diesem Tag dann auch, dass alle zur anschließenden Party in einen anderen Raum verschwanden und mich im Saal alleine sitzen ließen. Obwohl ich nicht mehr hätte tanzen können, wäre es doch schön gewesen, den anderen dabei zusehen zu dürfen. Na ja, ich war ja der Schlossgeist, der eigentlich gar nicht da war. Meinen Gehwagen, da nicht in die Zeit des Schlossgeistes passend, hatte ich nicht dabei, und alleine laufen konnte ich ja wirklich nicht mehr. Meine Behinderung war ja echt.

Das Schlossgespenst von Rauischholzhausen

So habe ich dann den restlichen Abend dort alleine sitzend verbracht und in einem Buch gelesen. Am späten Abend holte mich jemand vom Schloss und brachte mich auf mein Zimmer. Es war mein Wunsch gewesen, einmal in einem Schloss zu übernachten, deshalb wollte ich die Nacht dort verbringen. Am nächsten Morgen würde mich jemand mit nach Gießen nehmen, hieß es.

Als ich am nächsten Morgen mein Frühstück im Schloss einnahm, kam jemand und brachte mir einen Herrenschlips, mit den Worten: „Ich glaube, euer Chef hat seinen Schlips liegengelassen, könnten sie den mitnehmen und ihm geben?" Ich bejahte, sagte, ich würde ihn auf seinem Schreibtisch unter seinen ganzen Akten verstecken, dann würde er sich wundern, wie der dort hingekommen sei. Als ein kleiner Schabernack für mein „Alleine Sitzen lassen", am Rest des Abends, sozusagen.

Das Hessische Landesinstitut für Pädagogik wurde kurz danach aufgelöst, und ich als Assistentin eines Sachbearbeiters im Staatlichen Schulamt untergebracht, welches mittlerweile in ein Nachbarhaus auf dem Gelände des ehemaligen Bundeswehrkrankenhauses umgezogen war. Ich bekam wieder ein schönes eigenes Büro. Allerdings hatte ich den Eindruck, dass man in diesem Amt alle Schwerbehinderten auf einem Flur zusammengesteckt hatte. Ich will nicht argwöhnen, weil sie so unter sich waren, und man ihnen auf diese Weise nicht so oft über den Weg laufen musste. Mein Sachbearbeiter saß jedenfalls am anderen Ende und auf einem anderen Stockwerk im Haus. Unsere Akten mussten zum Abzeichnen immer quer durch das ganze Gebäude getragen werden. Die Arbeit war langweilig und monoton – Reisekosten berechnen –. Ich vermisste meine Bibliothek, aber ich verdiente meinen Lebensunterhalt damit, und das alleine war wichtig.

2008 verstarb mein Vater im Alter von 86 Jahren, elf Jahre nach dem Tod meiner Mutter. Er vererbte mir mein Elternhaus, welches er, aufgrund seiner Demenz in seinen letzten Lebensjahren, zu einer ziemlichen Ruine heruntergewirtschaftet hatte. Zu seiner Beerdigungsfeier, für die ich wieder das Café Renz angemietet hatte, kamen lediglich unsere Nachbarn, die Tochter von Frau Kneissl und ihr Ehemann, Herr und Frau Kreider.

Herr Mensdorf und ich saßen mit ihnen und dem Pfarrer, einem Hilfsgeistlichen aus Lohra, dann alleine am gedeckten Tisch. An diesem Tag hatten Frau Kreider und ich viel Kuchen und Brötchen mit nachhause zu nehmen; denn was schon auf dem Tisch gelegen hatte, konnte nicht mehr anderwärtig verkauft werden. Mein Vater hatte während seiner letzten Lebensjahre sämtliche Kontakte eingestellt. Er war wohl vorher auch fast nur im Bekanntenkreis meiner Mutter mitgeschwommen.

Ich beschloss, das Haus nicht zu verkaufen. Eine nicht unbeträchtliche Anzahl von Menschen, die das kleine Häuschen haben wollten, hatte sich schon angesammelt. Und sie belästigten mich wie Aasgeier.

Vieles musste aber neu gemacht werden: Heizungsanlage, Fenster und Fensterläden, Türen, Dachrinnen, Fußböden, der Putz an den Wänden, einige Glasscheiben im Wintergarten, eventuell sogar die Kellerisolierung und neue Möbel und Teppiche. Und der Garten war zu einem einzigen Urwald verkommen. Herr Mensdorf versprach, mir beim Tapezieren zu helfen, und ich meinte, dann könne er in die obere Wohnung im Haus einziehen, wenn er wolle. Ich hatte zusätzlich noch einen nicht unbeträchtlichen Geldbetrag geerbt, und diesen wollte ich für die handwerklichen Arbeiten im Haus einsetzen.

Nachdem mein Vater verstorben war, kam ich auf die Idee, wieder Kontakt zu meinen Verwandten in Amerika aufzunehmen. Mein Vater hatte bis zuletzt ständig mit seinem Neffen, meinem Cousin Wolfgang, telefoniert und ich wollte seine Beziehung zu Deutschland nicht abbrechen lassen. Ich hatte seine Telefonnummer von meinem Vater bekommen. Also rief ich an, erzählte ihm vom Tod meines Vaters, und dass er, falls er wollte, ab jetzt mit mir weiter telefonieren könne.

Anfänglich wirkte er sehr verdutzt und erstaunt, und war auch aus der deutschen Sprache ziemlich raus, aber inzwischen ist sein Deutsch wieder sehr gut geworden und mein Englisch hat sich auch erheblich verbessert; denn seine Frau kann kein Deutsch. Mit ihr laufen die Gespräche auf Englisch ab. Mit der Zeit hat sich eine Telefonbeziehung entwickelt, in der er eigentlich so etwas wie ein Bruder für mich geworden ist. Und seine Frau so etwas wie eine Schwester. Sie ist übrigens eine Viertel-Cherokee-Indianerin. Wir sprechen mehrmals in der Woche miteinander und verstehen uns bestens.

Dann machten wir uns ans Werk, das Haus zu renovieren. Es sollte neun Jahre dauern, bis es wieder zu beziehen war. Wir waren in dieser Zeit jedes Wochenende in Marburg, um etwas zu renovieren oder den Fortschritt der Handwerker zu begutachten. Diese neun Jahre gestalteten sich nicht leicht. Die freien Wochenenden, an denen ich hin und wieder mit Herrn Mensdorf einen Ausflug in die Umgebung von Gießen unternommen hatte, fielen weg. Jeden Samstagmorgen wurden wie für ein Picknick die Sachen gepackt und sich mit dem Auto auf den Weg nach Marburg gemacht. Das einzige Bonbon in dieser Situation war, mein Vater hatte mir kurz vor seinem Tod einen tollen neuen Golf, versehen mit allen möglichen Raffinessen, geschenkt. Diesen konnte ich jetzt jeden Samstag spazieren fahren, und ausprobieren, wie schnell er war.

Zuerst musste ein Entrümpelungsunternehmen her, welches alle alten Möbel und sonstigen Dinge, die nicht mehr gebraucht wurden, aus dem Haus entsorgte, bis lediglich leere Räume zurückblieben. Das Renovieren war für uns zwei Schwerbehinderte ein Kraftakt, der uns nicht gesünder machte. An manchen Samstagen glaubte ich abends meine Beine nicht mehr zu spüren – ich lief damals noch am Rollator – und fiel, zurück in Gießen, dort oft nur noch halbtot auf mein Sofa. Für die wichtigen Unternehmungen, wenn Handwerker geholt werden mussten, nahm ich mir für diese Zeit immer Urlaub, um vor Ort dabei sein zu können. Herr Mensdorf stürzte sich auf das Tapezieren und das Legen von Fliesen, und war nicht zu bremsen. Ich machte mir Sorgen, er könnte sich übernehmen. Er war ja nun schließlich auch wieder ein Dialysepatient. Ich bekam dann stressbedingt Probleme mit der Blase, und meine Osteoporose und Kniearthrose wurden schlimmer.

2015 bremste mich mein Neurologe ab. Mit mir wäre etwas nicht in Ordnung, ich müsse in eine Neurologische Klinik, um mich gründlich durchchecken zu lassen. Das Ergebnis war deprimierend, es hieß, ich habe ein „Fibroelastom" an einer Herzklappe, und das müsse operiert werden. Also wurde ich in die Herzklinik nach Bad Nauheim verlegt. Man ließ mich schon gleich vorher neue Herzklappen aussuchen, für den Fall der Fälle, dass meine eigenen bei der bevorstehenden OP kaputtgehen würden. Ich wurde immer mehr hellhörig, zuletzt, als man sämtliche Untersuchungen aus der Klinik, in der ich zuvor war, noch einmal machen wollte. Das Bild des MRT kam mir irgendwie bekannt vor, und ich ließ den Chefarzt zu mir kommen. So etwas glaubte ich schon mal gehabt zu haben, allerdings an einer anderen Stelle von mir. Meiner Meinung nach sah es aus wie ein einfaches Blutgerinsel, und damit müsste man mich nicht, wie vorgehabt, der Länge nach aufschneiden und am Herzen operieren. Diese OP wäre in erster Linie eine finanzielle Bereicherung für die Klinik gewesen, 25.000 € sollte sie kosten.

Ich schlug dem Chefarzt einen Deal vor: Ein Jahr Marcumar, und wenn „die Raumgebung", so wie sie es nannten, dann immer noch da wäre, würde ich der OP zustimmen, vorher nicht. Und siehe da, nach einem Jahr war nichts mehr zu sehen. Das waren wieder Diagnosen für den Geldbeutel der Medizin und nicht zum Wohl des Patienten gewesen. Gut, dass ich nicht darauf eingegangen war.

1 Jahr später fiel ich zuhause in Gießen, im Bad, und brach mir das Brustbein an. Eine schmerzhafte Geschichte, kann ich sagen, und niemand kapierte überhaupt, was los war. Nach zwei Wochen Krankenhaus und Rätselraten kam ich in die Kurzzeitpflege, in ein Altenheim in Gießen. Es sollte eines der besten am Ort sein, aber ich fand es dort grässlich. Das Beschäftigungsangebot war zwar ganz passabel, sogar die erste Frau meines Chefs aus dem Hessischen Landesinstitut kam als Ehrenamtliche, um uns etwas vorzulesen. Aber die dementen Bewohner/innen wurden sich ziemlich selbst überlassen. Sie saßen am Mittagstisch zwischen den anderen, und wussten teilweise gar nicht mehr, wie man isst. Es war auch niemand da, der ihnen dann beim

Essen half. Ich habe mich daraufhin aufgemacht und einigen geholfen, was von den Pflegekräften gar nicht gerne gesehen wurde.

Die Renovierungskosten meines Hauses betrugen so um die 100 000 €. Ich verbrauchte mein ganzes geerbtes Geld, bis das Haus wieder bewohnbar war.

Aber im Sommer 2017 zogen wir, nachdem ich in Rente gegangen war, um. Die Umzugsfirma war eine Katastrophe, es war dieselbe, die den Umzug des Hessischen Landesinstitut von der Frankfurter Straße in Gießen auf das Gelände des Bundeswehrkrankenhauses durchgeführt hatte. Nur, da konnten viele Leute mithelfen, während ich jetzt von vornherein sagte, es wäre ein Schwerbehindertenumzug und ich könnte nicht so viel helfen. Sie kamen zu dritt, um zwei Wohnungen auszuräumen. Ich hatte die Umzugskartons vorher gekennzeichnet: Blaue Aufkleber für die Kartons von Herrn Mensdorf und rote für mich. Aber es lief alles durcheinander. An so vielen Stellen konnte ich gar nicht zur gleichen Zeit sein, um auf alles aufzupassen. Die Umzugsleute packten alles durcheinander, beschwerten sich über den vielen Staub in meiner Wohnung, und vergaßen sogar, eine ganze Kammer neben meinem Bad auszuräumen. Über diese Dinge da drin hat sich dann mein Nachmieter gefreut, oder auch nicht. Ich saß zu der Zeit schon im Rollstuhl und konnte mich zwischen dem Chaos kaum bewegen. Einer der Umzugsleute bezeichnete mich noch als „faule Prinzessin". Wahrscheinlich hatte er gedacht, ich säße aus Jux in dem Stuhl.

In Marburg packten sie einfach alle Umzugskartons auf einen Haufen, stellten zwei Betten auf und verschwanden. Mit dem verbliebenen Chaos mussten wir dann irgendwie zurechtkommen, was uns noch wahnsinnig viel Kraft und Zeit kosten sollte. Zumindest habe ich den Umzug billiger bekommen, als vorher ausgemacht worden war.

KAPITEL VIII

Zurück in Marburg

Der erste Winter in Marburg wurde hart. Das Haus war zehn Jahre lang unbewohnt gewesen und die Mauern total ausgekühlt. Mein neuer Kaminofen half etwas gegen die Kälte. Wenn man ihn mit Kaminholz vollstopfte, konnte er eine ganze Etage wärmen. Und zusätzlich war noch das Wohnzimmer von Herrn Mensdorf, über mir, überschlagen. Ich hatte mir den ganzen Kohlenkeller mit Holz zustellen lassen. Und außerdem hatte ich ja noch meine neue Heizungsanlage, die wärmte. Es dauerte aber den ganzen Winter, bis sich das Haus wieder auf ein bewohntes Klima einstellte. Auch mussten wir den Inhalt der vielen Umzugskisten ausräumen und an den richtigen Platz verfrachten, und ich brauchte noch Gardinen und Teppiche; denn das blanke Parkett erschien mir etwas zu spartanisch. An den Wänden waren auch noch keine Bilder angebracht. Es sollten meine selbstgemalten sein.

Wichtiger war aber, für das Erste, die Suche nach einem neuen Hausarzt, was sich schwieriger gestaltete als ich dachte. Kein Arzt in Marburg wollte zusätzlich neue Patienten aufnehmen, und niemand machte Hausbesuche. Anfangs rief ich beim Hausarzt meines verstorbenen Vaters an. Er übernahm mich, schien aber sein orientalisches Verständnis über die Rolle der Frau auf seine deutschen Patientinnen zu übertragen, und war damit bei mir auf eine Tretmine gestoßen. Als ich ihn darauf ansprach, schmiss er mich raus. Ich habe bis heute noch keinen adäquaten Arzt gefunden, lediglich einen, dem ich meine Rezeptwünsche über Telefon durchgeben kann. Es schien beinahe so, als würde sich die alte Universitätsstadt Marburg hinter ihrem jahrhundertealten guten Ruf in Punkto Medizin faul ausruhen. Auch das neue Universitätsklinikum auf den Lahnbergen war eine Katastrophe in Qualität, um das man besser einen riesengroßen Bogen machte.

Es dauerte eine ganze Weile, bis ich glaubte, einen einigermaßen guten Hausarzt gefunden zu haben. Allerdings war es einer, der auch nicht zu mir nachhause kam, sondern allerhöchstens seine Sprechstundenhilfe schickte. Aber ich bekam wenigstens immer meine Rezepte für die Medikamente, die ich seit Jahren brauchte. Und ich fand dann auch einen einigermaßen guten Neurologen und einen Orthopäden.

Mittlerweile ist die ärztliche Versorgung, auch durch Corona, katastrophal geworden. Nichts funktioniert mehr. Bei meinem Hausarzt läuft teilweise dauernd ein Band: „Sie rufen außerhalb unserer Geschäftszeit an", dabei ist gerade genau die benannte Geschäftszeit. Oder die Sprechstundenhilfe gibt die Rezept- und telefonischen Kontaktaufnahmewünsche nicht an den Arzt weiter, bringt alles durcheinander, und nichts passiert. Meine ärztliche Versorgung ist auf null angekommen. Und einen Hausarzt, der neue Patienten aufnimmt, gibt es weit und breit nicht.

Man versucht, vieles auf die digitale Ebene zu verlagern, aber das wird nicht immer klappen. Versuchen Sie zum Beispiel mal, in der Pflege jemandem digital den Hintern abzuwischen, dann werden sie sehen, wie weit sie damit kommen.

Ich denke, unsere Menschheit wird, wenn dieser Zustand mit Corona noch lange anhält, möglicherweise ihre sozialen Fähigkeiten vergessen. Wir werden uns unter Umständen zu egoistischen, lichtscheuen Einzelkämpfern zurückentwickeln und damit Wesentliches, was uns Menschen als Herdentier zum Menschen gemacht hat, nämlich die Fähigkeit zur Empathie und zur Nächstenliebe, verlieren.

Die Gesundheit von Herrn Mensdorf und mir hatte durch das Renovieren des Hauses während der letzten neun Jahre und durch die Umzugsarbeiten gelitten. Mein Personalchef, Herr Scheler, vom Staatlichen Schulamt in Gießen hatte mir zwar seine Hilfe angeboten, aber das konnte ich beim besten Willen nicht annehmen. Er war ein Mensch, der sich, vermutlich weil er auch eine leichte Schwerbehinderung hatte, immer wieder selber beweisen musste, was er so alles konnte. So erledigte er neben seiner Tätigkeit als Personalchef immer noch alle Hausmeisterarbeiten im Amt, was ihn teilweise, wie ich heute meine, überforderte. Er erschien wohl dadurch seinen Untergebenen gegenüber oft als sehr ungnädig. Mir gegenüber war er allerdings immer sehr höflich.

So haben Herr Mensdorf und ich uns an die Arbeit gemacht. Alles war durcheinander in die Kartons gestopft. Es war eine elende Sucherei. Eine von Herrn Mensdorf's Dialysekolleginnen, die gerade eine Spenderniere bekommen hatte, kam und half. Aber bei Herrn Mensdorf in der Wohnung stehen angeblich bis heute noch nicht ausgepackte Umzugskisten. Ihm ging es nicht gut, sein Shant hörte auf zu funktionieren, und man setzte ihm einen Herzkatheter, den er aber nicht vertrug. Es gab ein elendes Hin und her. Die Uniklinik versuchte den Shant zu operieren, bekam ihn aber nicht hin. Er sei zu spät gekommen, hieß es. Dabei hatte er schon mehrere Male versucht, sich operieren zu lassen, war aber stets abgewiesen worden. Andere OPs wären wichtiger und man habe zu wenig Personal, hieß es. Als man sich dann endlich bereiterklärte, seinen Herzkatheter wieder zu ziehen, und man sich endlich dazu durchgerungen hatte, schickte man ihn „von Pontius zu Pilatus", weil niemand sich traute, es zu tun. Er hatte sich zuvor in Wiesbaden am anderen Arm einen neuen Shant legen lassen, der aber erst noch heilen musste. Bis dahin musste es mit dem Herzkatheder weiterlaufen, aber er hatte starke Herzprobleme und ich habe schon mit dem Schlimmsten gerechnet; denn er wog zu dieser Zeit nur noch 48 kg.

Ich hatte seit Gießen keine Krankengymnastik mehr gehabt und fühlte mich auch ziemlich schwach.

Also besorgte ich mir bei einer großen Krankengymnastikpraxis, am Südbahnhof von Marburg gelegen, Termine. Mit dieser Institution war ich aber nicht sehr zufrieden. Die Therapeutinnen behandelten mich zum Muskelaufbau teilweise in einer Art Fitness-Studio. Dort trafen dann, aufgrund des großen Raumes auch mehrere Therapeuten und Therapeutinnen aufeinander, die es nicht unterlassen konnten, sich persönlicher Unterhaltung untereinander hinzugeben, anstatt ihre Patienten zu behandeln. Man war sich damit in der ohnehin schon knappen Zeit von 20 oder 40 min selbst überlassen und wurde somit nicht sachgerecht geführt. Da hätte ich mich auch einfach privat in einem Fitnessstudio anmelden können.

Mein neuer orthopädischer Schuster machte sehr schöne Schuhe für mich, die sahen toll aus, nur sie passten nicht richtig auf die Probleme meiner Füße. Ich scheuerte mir den rechten Fuß blutig, und konnte dann rechts nur mit dem alten Schuh ein paar Schritte laufen. Der Schuster kam auch nicht zu mir nachhause. Jetzt habe ich links einen schwarzen Schuh an und rechts meinen alten grauen. Beide haben wenigstens das gleiche Outfit, nur eben in verschiedenen Farben. Naja, vielleicht kreiere ich damit ja mal eine neue Moderichtung: Der gleiche Schuh, aber in verschiedenen Farben an jedem Fuß ...

Zu Beginn des Jahres 2019 brach ich mir, aufgrund meiner fortschreitenden Osteoporose, nach einem Sturz zwei Rückenwirbel. Ich wurde in der Chirurgie der Uniklinik Marburg behandelt. Dort gab es zu wenig Personal und man ließ uns Patienten oft liegen, ohne auf unser Klingeln zu reagieren. Meinen Rücken wollte man operieren. Dies lehnte ich aber ab; denn Wirbelsäulen- OPs bringen oft hinterher mehr Probleme als man vorher hatte. Meinen Cousin Wolfgang haben die künstlichen Versteifungen seiner Wirbelkörper erst zu einem Krüppel mit dauerhaften Schmerzen gemacht.

Ich entschied mich deshalb für die altbewährte Physiotherapie. Ein Arzt gab mir den Rat, mich auch in der Osteoporose-Praxis der Frauenklinik vorzustellen, was ich dann auch tat. Dort traf ich auf eine farbige Ärztin, die vorschlug, mich mit Forsteo zu behandeln. Dazu müsste ich mich täglich einmal, wie ein Diabetespatient, in den Bauch spritzen. Das Serum war schrecklich teuer, drei Spritzen-Pens kosteten ungefähr 500 €, und sie mussten ständig im Kühlschrank gelagert werden. Kein Arzt würde sie aufgrund des Preises verschreiben, hieß es, lediglich die Klinik.

Aber das Medikament war ein Glücksfall für mich. Nichts hatte zuvor mehr geholfen, aber jetzt wurde ich stärker. Allerdings wohl auch unvorsichtiger; denn im Oktober desselben Jahres fiel ich erneut, nach einer missglückten Umsetzaktion von der Toilette in den Rollstuhl. Ich brach mir die Tibia/das Schienbein meines noch nicht von Lähmung betroffenen rechten Beines. Wieder wurde ich Patientin der Chirurgie, in er so ungeliebten Uniklinik auf den Lahnbergen.

Dieses Mal war eine OP unumgänglich, mein Bein wurde genagelt und verschraubt. Allerdings hatte ich vorher mit den Ärzten gesprochen, hatte sie gebeten, sich bei mir Mühe zu geben, damit nicht wieder so ein Desaster, wie bei Herrn Mensdorf, durch ihre Kollegen verursacht, herauskommen würde. Die Behandlung danach auf Station war etwas besser als die zu Beginn des Jahres wegen meines Rückens. Allerdings, mich von Schwestern und Pflegern rund um die Uhr wie ein Kleinkind vollständig versorgen zu lassen, daran würde ich mich nie gewöhnen. Ich schämte mich und es machte mich depressiv.

Das Ergebnis der OP war: mein bis dahin wackeliges Kniegelenk war jetzt fest, auch wenn die eingebaute Titanplatte es etwas unförmiger erscheinen ließ. Meine Tibia war verschraubt und mein rechter Fuß hatte eine absolute Fehlstellung nach innen bekommen.

Das Personal der Rehaklinik Bad Endbach kannte mich dann schon, immerhin war ich jetzt in knapp zwei Jahren zweimal dort aufgekreuzt. Aber in dieser Klinik war ich gern, das Essen war gut und das Personal immer freundlich, und zur Stelle, wenn man es brauchte.

Danach musste ich wieder für einen Monat in die Kurzzeitpflege, dieses Mal in ein Marburger Altenheim. Die Bewohner und Bewohnerinnen dort nahmen mich begeistert an, vielleicht weil ich noch etwas jünger war als sie, ich weiß es nicht. Auf jeden Fall bekam ich dort, nachdem ich ihre gesamte Ergotherapie und sonstigen Veranstaltungen mitgemacht hatte, so etwas wie „einen Wink von oben". Ich hatte ja schon in Gießen geholfen, die Demenzkranken, die nicht mehr essen konnten, zu füttern. Also beschloss ich, mich hier, sobald ich wieder zuhause wäre, als ehrenamtliche Mitarbeiterin für deren Ergotherapie anzumelden. Dann hätte mein Studium last not least doch noch einen Sinn gehabt, und ich könnte das damals Gelernte jetzt anwenden.

Ich hatte danach für eine Weile jeden Montag eine Gruppe, mit der ich etwas Sinnvolles zur geistigen und körperlichen Unterstützung der Heimbewohner/innen, die zu mir kommen wollten, unternahm. Bis die Corona-Pandemie zuschlug. Seitdem mache ich Home-Office und schicke regelmäßig Aufgaben für die Senior/innen ins Heim. Zu der Zeit, in der ich in diesem Heim war, wurde, während der Betrieb weiterlief, ein

Teil des Hauses abgerissen. Das bedeutete viel Lärm und Schmutz, und so manchen Heimbewohnern hat es Unruhe und Probleme gebracht. Einige der Demenzkranken dachten, der II. Weltkrieg wäre wieder ausgebrochen. Und ein paar Mal mussten des Nachts in der Umgebung Senioren gesucht werden, weil sie weggelaufen waren.

Herr Mensdorf's Gesundheitszustand wurde schlechter, im Frühsommer 2020 bekam er so etwas wie eine „Ischämische Attacke", zumindest würde ich es so bezeichnen. Die Ärzte auf den Lahnbergen rätselten wieder zwei Wochen lang herum, und fanden nichts. Die Symptome waren jedenfalls denen eines Schlaganfalls sehr ähnlich, ließen aber in den Gefäßen keine Spuren zurück. Lediglich fiel mir hinterher auf, dass er etwas undeutlicher sprach, sehr aggressiv reagierte, wenn man ihm dies sagte, und die Feinmotorik seiner Hände hatte gelitten, war etwas spastisch geworden. Auch brachte er jetzt mehr durcheinander, wusste nicht, was für ein Tag gerade war, oder fragte mich dieselbe Sache mehrmals hintereinander. Wenn ich ihn darauf aufmerksam machte, wurde er meistens sehr aggressiv, drohte mir, mich mit dem Kopf so lange an die Wand zu schlagen, bis ich nicht mehr aufwachen würde, oder mir das Haus anzustecken.

Ich stellte beim Marburger Gericht einen Antrag auf Betreuung, der jedoch mit der Begründung, dass ich mit dem Herrn nicht verheiratet wäre, abgeschmettert wurde und deshalb kein Recht hätte, so einen Antrag zu stellen. Die Polizei half mir auch nicht. Die Androhung einer Tat sei noch kein Verbrechen, hieß es.

Also musste alles so weiterlaufen, und ich musste seine Betreuung weiter selbst übernehmen, obgleich mir das, mit dem gleichen Pflegegrad vier wie er, einfach so manches Mal über den Kopf zu wachsen drohte. Der Bearbeiter, der sich beim Marburger Amtsgericht meiner Sache angenommen hatte, erschien mir schrecklich faul zu sein. Zumindest hatte ich den Eindruck, dass er seine Paragraphen noch nicht einmal bis zum Ende durchlas, was ich beim Nachlesen leider feststellen musste. Besagter § 274 ließ als berechtigten Antragsteller ganz am Ende auch einen Vertrauten der Person gelten. Aber um so weit zu lesen, hatte der Herr wohl nicht für nötig gehalten oder keine Zeit gehabt. Herrn Mensdorfs einzige Vertraute war und bin ich und bei der Krankenkasse auch als solche eingetragen. Eine andere Richterin erklärte mir, ich könne da nichts machen, wenn Herr Mensdorf keine Betreuung wünsche. Aber das war ja gerade das Problem, dass er dies überhaupt nicht mehr selbst beurteilen konnte. Er lehnte ja kategorisch jegliche Hilfe ab. Da biss sich die Katze wohl irgendwie in den Schwanz. Typisch deutscher Bürokratismus, kann ich da nur sagen.

Mit viel Mühe schaffte ich es dann, dass Herr Mensdorf eine Organisation mit Namen „Wendepunkt", welche psychisch gefährdete Menschen betreut, zwei bis dreimal pro Woche zu sich in die Wohnung ließ. Einen Pflegedienst hatte er kategorisch abgelehnt.

Mein eigener Pflegedienst arbeitet oft, mit wenigen ganz reizenden Ausnahmen, sehr mangelhaft: Die Pflegekräfte sind größtenteils, bis auf wenige wirklich engagierte, unausgebildet, unfreundlich, bequem und faul. Es gibt sogar welche, die machen jeden einzelnen Handgriff nur auf detaillierte Ansage, was zu tun ist, und wie. Ich habe oft den Eindruck, dass sie diese Art von Arbeit nur übernommen haben, weil sie nichts anderes gelernt oder auch zu dumm für einen anderen Beruf sind. Man muss, glaube ich, aber auch berücksichtigen, dass die die Krankenkassen bedienenden Pflegeinstitutionen, vermutlich aufgrund des herrschenden Pflegenotstandes, alle möglichen Leute einstellen, die ihnen vor die Füße laufen, ohne zu prüfen, ob sie sich überhaupt für eine solche Arbeit eignen. Dabei kommt es dann zu häufigem Wechsel im Pflegepersonal. Die zu Pflegenden müssen sich ständig auf neue Gesichter und Charaktere einstellen, was nicht immer ohne Probleme abgeht. Die Leute, die pflegen wollen, brauchen oft das das Geld und sagen sichwahrscheinlich dann, die alten Leutchen merken ja sowieso nichts mehr, wenn ich etwas falsch machen sollte. Ich habe mich schon gefragt, was machen die bei dementen Patienten, oder welchen, die nicht mehr reden können? Auch haben sie die Art des Abrechnens abgeändert. Zu Beginn konnte man immer mit zuschauen, wenn ihre Zeiten in eine Liste eintrugen und vergleichen. Jetzt tragen sie die dagewesene Zeit lediglich in ihr Handy ein und wann sie die Zeituhr einstellen und wieder abstellen, ist nicht ersichtlich. Es geschieht nie in meinem Beisein. Theoretisch könnten sie die Uhr schon im Auto anstellen und dann noch bequem eine Zigarettenpause auf meine Kosten machen. Ich habe da schon mal diesbezüglich bei der Chefin nachgefragt, da ich der Meinung bin, dass ein Vertrag für beide Vertragspartner durchweg einsichtig und plausibel sein sollte. Aber man ging nicht auf die Problematik der Unkontrollierbarkeit ein. Auch horrende Abrechnungssummen, die ganz und gar nicht stimmten, hat man mir schon zum Unterschreiben vorgelegt und auf sofortiges Abzeichnen gedrängt. Auf meinen Wunsch, es überprüfen zu wollen, reagierte man ungehalten. Nachdem ich mit der Leitung gesprochen hatte, entschuldigte diese sich übermäßig in aller Form und lobte mich ausdrücklich dafür, dass ich die Fehler bemerkt hätte. In Wirklichkeit, denke ich aber, hat man sich darüber geärgert.

Ich versuche schon lange den Pflegedienst zu wechseln, finde aber keinen, der Plätze frei hat. Und diesen Engpass nutzen einige Pflegedienste, meiner Meinung nach, aus und versuchen ihre Patienten zu übervorteilen; denn manchmal hat die zu pflegende Seite ja auch kognitive Schwierigkeiten, welche man auf diese Weise gut ausnutzen kann.

Herr Mensdorf kommt mittlerweile kaum noch zu mir in die Wohnung. Wir gehen uns aus dem Weg. Allerdings die Betreuungsaufgaben, d. h., seine amtliche Korrespondenz, seine Rechnungen und andere Alltagsgeschäfte sind mir nicht abgenommen. Aufgrund seines Grauen Stars sieht er auch so gut wie nichts mehr. Während der folgenden Monate verschlechtert sich sein Gesundheitszustand extrem. Eine manische Depression kommt auch noch dazu. Am 17.20.21 ist er gestorben.

Ich habe wieder mit dem Malen angefangen, mein Karikatur-Büchlein aus der Studentenzeit hervorgeholt und mit dem Computer coloriert. Auch mache ich, der derzeitigen Situation jeweils zugeordnet, wieder Cartoons, um diese dann zu verschenken und die Beschenkten damit zu erfreuen. Dies klappt irgendwie immer. Auch das Altenheim erhält dadurch Aufgaben. Ich lasse die Bilder zerschnitten an die Bewohner/innen weitergeben, und diese können sie dann zusammenpuzzeln oder sie bekommen sie in Form einer Schwarz-Weiß-Zeichnung, die sie selbst buntmalen können.

Über meinen Computer fand ich das „Stay-Friends-Programm", und fing an, nach meinen Schulfreundinnen aus der Gymnasialzeit zu suchen. Ich fand sie fast alle wieder, und es war, als hätte ich erneut ein Puzzle-Stück meines Lebensbildes gefunden: Lisa war eine Professorin für Nachhaltigkeit (Ökologie) geworden, Ulla Altenpflegerin und Dagmar hatte als Arzthelferin gearbeitet. Alles Lebenswege, deren Profil gut zu meiner Situation passten, fand ich. Wir stehen wieder regelmäßig in telefonischem Kontakt und tauschen so unsere Lebenserfahrungen aus. Lisa hat mich sogar schon einmal wieder besucht. Eine absolute Bereicherung, kann ich sagen. Eine Zeit lang hatte ich auch Kontakt zu Dagmars Jugendfreund, Sohn unseres damaligen Geschichtslehrers und mittlerweile Rechtsanwalt a.D. Er versuchte mir, jedoch leider ohne Erfolg, bei meinem Betreuungsantrag zu helfen. Leider war er Alkoholiker und durch einen künstlichen Darmausgang psychisch sehr belastet. Ich versuchte ihn mit lustigen E-Mails, die ich von meinem Cousin regelmäßig aus Amerika bekam, aufzumuntern. Hat aber nicht so ganz geklappt; denn er hat er sich, nach einem Sturz, zu Silvester 2020 leider das Leben genommen. Ich würde, glaube ich, so etwas nie tun; denn es könnte ja sein, dass ich dadurch etwas Schönes, Positives, welches mein Schicksaal mir noch für die Zukunft angedacht hat, verpasse.

Die Corona-Epidemie hat uns Menschen derzeit schwer im Griff, und in Amerika scheint sich, bei mittlerweile fast einer halben Million Corona Toten, so etwas wie ein zweiter Bürgerkrieg anzukündigen. Am 06.01,2021 haben radikale Republikaner das Weiße Haus in Washington DC gestürmt und verwüstet. Dem Initiator, Präsident Donald Trump, droht die Amtsenthebung während seiner letzten Tage im Amt. Er hat die Wiederwahl verloren, glaubt jedoch, trotz aller gegenteiligen Beweise, völlig realitätsfern, bei der

Wahl betrogen worden zu sein. Überall in den Vereinigten Staaten ist Militär zum Schutz der Demokratie und der Bevölkerung aufgestellt und man harrt der Dinge, die da kommen werden …

KAPITEL IX

Reflexion

Meine frühe Kindheit in der Untergasse war geprägt durch ein emotional kühles und spartanisches Umfeld, in welchem ich mich, als neuer Erdenbürger, nur widerwillig angenommen fühlte. Meine Familie mütterlicherseits war wohl zu sehr damit beschäftigt, ihre Kriegstraumata zu verarbeiten, und deshalb nicht auf die Problematik, die mit einem neuen Familienmitglied auftauchen würde, vorbereitet. Ich wurde als notwendiges Übel angenommen, mit dem man sich, wo ich nun mal da war, wohl oder übel auseinandersetzen musste. Es wurde sogar gemunkelt, meine Mutter habe, als sie mit mir schwanger war, versucht mich loszuwerden. Oma Pfingst erzählte mir, sie habe sich absichtlich, mit einer Schürze voll mit leeren Glasflaschen vor dem Bauch, die steile Sandsteintreppe in unserem mittelalterlichen Keller in der Untergasse hinuntergestürzt, um eine Fehlgeburt auszulösen. Auch erzählte sie mir, meine Mutter habe sich in dieser Zeit dauernd eingeschnürt, damit man ihr die Schwangerschaft nicht ansehen sollte.

Ich kann mich auch nicht entsinnen, jemals von meiner Mutter, meiner pommerschen Oma oder meiner Uroma in den Arm genommen worden zu sein. Auch nicht von meinem Vater, aber er traute sich wohl nicht, weil ich ein Mädchen war. Oder dass ich mal einen Trost oder ein Küsschen von ihnen bekommen hätte. Berührt wurde ich nur, wenn es unbedingt notwendig war, und wenn man mich bestrafte. Nie aus emotional positiven Gründen.

Der Vater meiner Großmutter mütterlicherseits war nicht bekannt. Meine Großmutter wurde von ihrer Tante erzogen. Man munkelte, der adelige Großgrundbesitzer der Gegend habe ein Techtelmechtel mit meiner Urgroßmutter gehabt. Sie war die einzige Tochter des Bürgermeisters, hat aber nie darüber geredet. Vielleicht war es auch nur ein Bursche aus dem Dorf, der nicht dazu stehen wollte. (Bei Maria in der Bibel hatte ja sogar der Heilige Geist herhalten müssen, um die uneheliche Schwangerschaft aufzuhübschen.) Nur, das Wesen meiner Großmutter war im Vergleich zum Rest der Familie schon sehr außergewöhnlich. Nach dem Tod meines im Krieg gefallenen Großvaters führte sie ihren Bauernhof ohne jegliche Hilfe. Baute noch im Alter von 65 Jahren alleine als Bauherrin ein neues Haus in Marburg. Und sie reiste gerne. Fremde Länder waren für sie immer ein Faszinosum. Eine alte Freundin aus dem pommerschen Dorf, die nach dem Krieg mit nach Marburg gekommen war, und die, auch mich als letzte Überlebende der Familie, mittlerweile weit über 90 Jahre alt, bis vorletztes Jahr noch regelmäßig besuchte, schwärmte immer von dem Bauernhof meiner Großmutter. Unglaublich groß und nagelneu sei er gewesen. Und wenn sie zu Besuch gekommen war, habe es immer so toll nach Bratäpfeln gerochen.

Man sagt, ich sei dieser Großmutter sehr ähnlich, komme sehr nach ihr, auch, was mein Äußeres anbelangt.

Mein Vater versuchte immer das Beste aus der Situation zu machen, indem er sich so viel wie möglich um mich kümmerte, mit mir aus dem Haus ging, spielte, und mich mein Kindsein ausleben ließ. Auch seiner Mutter habe ich in diesem Zusammenhang viel zu verdanken. Ohne sie wäre ich emotional wahrscheinlich total verkümmert. Wenn ich jeden Vormittag bei ihr war, durfte ich das kleine Enkelchen sein, dass willkommen, ja sogar ersehnt war; denn sie hatte gerade ihre ganze restliche Familie nach Amerika auswandern lassen müssen, und war deshalb sehr traurig und einsam.

Ich hatte von Anfang an einen starken Willen und wollte immer alles wissen, was meine pommersche Oma nervte. Wenn sie sagte, „willewill", dann wusste ich, ich hatte „die rote Linie" überschritten, und wenn ich weiterfragen würde, würde ich Ärger kriegen. Da ich lediglich das Haus verlassen durfte, wenn ich für Kleinigkeiten zum Kaufmann geschickt wurde, fühlte ich mich wie ein eingesperrter Tiger. Meine andere Oma konnte da gottseidank die Wogen emotional immer ein bisschen glätten.

In der Großeelheimerstraße kamen dann zwei sehr schöne Jahre für mich, in denen ich die gesamte Hansenhaussiedlung unsicher machte. Meine Familie war zu sehr mit dem Haus beschäftigt und ließ mich laufen. Allerdings einsam bin ich weiterhin geblieben. Die Basis-Sozialkompetenz, die ich mir in den ersten Lebensjahren im Umgang mit Gleichaltrigen hätte zulegen müssen, fehlte. Und das machte mir dann auch in der Grundschulzeit zu schaffen. Ich freundete mich lieber mit Erwachsenen an.

Das Gymnasium Elisabethschule war für mich wieder eine bittere Zeit. Auch entfremdete ich mich, aufgrund meines Versuchs, in eine andere Bildungsschicht aufzusteigen, von der Welt meiner Eltern. Auf der anderen Seite, in der Schule, wurden wir Kinder aus Arbeiterfamilien stigmatisiert und benachteiligt. Wir steckten zwischen zwei Bildungswelten und fühlten uns irgendwie heimatlos. Zuhause wurde ich wieder eingesperrt. Nach dem Mittagessen musste ich sofort auf mein Zimmer, Hausaufgaben machen. Auch verbot man mir, meine Kinderzöpfe abzuschneiden, obwohl ich zu der Zeit schon ein Teenager war. An den Wochenenden durfte ich manchmal zu meiner Freundin Lisa, die in der Nähe auf den Lahnbergen wohnte. Wir waren damals eifrige Bonanza-Gucker und beide wahnsinnig in den Schauspieler Pernell Roberts, der in der Serie den ältesten Sohn Adam der Cartwright-Family spielte, verknallt.

Meine Situation wurde erst etwas besser, als ich darauf bestand, die Schule zu wechseln.

Meine letzten Jahre in der Steinmühle waren eine schöne Zeit, und ich hatte auch eine Notlösung für mein emotionales Defizit gefunden: Die Musik. Wenn ich Orgel spielte, machten mich die Töne, die ich aus dem Instrument hervorbrachte, glücklich. Daraus dann aber einen Beruf machen zu wollen, war ein Fehler. Das Procedere in der Musikhochschule war entwürdigend und ließ keinerlei Entwicklung zu. Zusätzlich die Vokatio machen zu dürfen, war da wohl als kleines Trostpflaster für mich gedacht gewesen.

Das Studium an der PH in Dortmund war leicht, und ich trug mich sogar mit dem Gedanken aufzustocken, zu promovieren und an der Uni zu bleiben. Nur machte mir dann meine Gesundheit einen Strich durch die Rechnung.

Nach dem Schlaganfall kamen Jahre, die ich keinem wünsche. Depression und totale Einsamkeit, in der ich mich mit meiner erlangten Behinderung völlig neuorientieren musste, und demzufolge auch einige Fehler machte. Im Nachhinein denke ich, vielleicht hättest Du besser Kunst statt Musik studiert; denn die rechte Hand, zum Halten eines Stifts oder Pinsels, funktioniert ja weiterhin. Und wenn das auch nicht mehr gegen sollte, bleibt noch die Computermaus, mit der ich auch schon oft gemalt habe. Aber wer kann denn schon in die Zukunft schauen und wissen, was mal passieren wird.

Mein Referendariat in Siegen lief ja noch gut, aber die Schwangerschaft zusammen mit der eventuellen FA-Diagnose brachte dann den totalen Zusammenbruch. Aus diesem musste ich mich dann in der Wohngruppe in Gießen wieder mühselig herausarbeiten. Das Referendariat in Hessen war ein misslungener Versuch. Auch die erneuten Versuche, auf mehreren Ebenen in einer Verwaltungstätigkeit Fuß zu fassen.

Das Schicksaal meinte es erst wieder gut mit mir, als ich meinen ganzen Mut zusammennahm und einen Herrn aus der Pädagogikbranche ansprach, und ihn bat, mir zu helfen.

Im HeLP, dem Hessischen Landesinstitut für Pädagogik, erlebte ich, zumindest beruflich, meine besten Jahre, auch wenn ich merkte, dass ich körperlich schwächer wurde. Ich fühlte mich unter „meinesgleichen" und war glücklich. Herr Keiner, der Chef, hatte mir geholfen, aus dem sozialen Randbereich der Gesellschaft, in den ich durch meine Behinderung gerutscht war, wieder zu meinesgleichen zurückzukehren. Ich fühlte mich wie der zurückgekehrte verlorene Sohn aus der Bibel.

Physiotherapiemäßig wurde ich in dieser Zeit in einer Krankengymnastikpraxis mit Übungen nach „Bobath" behandelt, was mir körperlich immer ein bisschen Auftrieb gab, aber leider meinen physischen Zustand nicht heilen, sondern lediglich den Verfall etwas hinauszögern konnte.

Leider wurde das HeLP dann aufgelöst, und die Zeit im Staatlichen Schulamt erlebte ich dann schon in erheblich abgekühlter Atmosphäre. Aber ich hatte eine Arbeit, bei der ich ganz gut verdiente, und das war für meine Rente wichtig.

Die nächsten Jahre in Marburg in meinem Haus, welches ich mir erst wieder zurecht machen musste, kosteten mich dann meine letzte Kraft. Aber ich war stolz, es, wenn auch mit Hilfe anderer, geschafft zu haben, mein Erbe wieder wohnlich herzurichten. Dies half mir auch, die schlechte Gesundheit von meinem Freund, Herrn Mensdorf, mit all deren Problemen zu ertragen. Und ob man es glaubt oder nicht, die strenge spartanisch-preußische Erziehung durch meine pommersche Großmutter hat mir, im Nachhinein gesehen, letztlich geholfen, persönliche Stärke zu entwickeln, um die vielen Tiefs meines Lebens einigermaßen gut durchstehen zu können.

Ebenso war es eine gute Idee, wieder Kontakt zu meinen Jugendfreundinnen aufzunehmen, wir konnten unsere Lebenserfahrungen austauschen und gegenseitig voneinander lernen.

Fazit

Mein Leben verlief in Wellen, (genauso wie es die Corona-Pandemie jetzt auch tut). Es bestand aus abwechselnd guten und schlechten Zeiten, und wenn ich es als Ganzes betrachte, dann war es eigentlich ein schönes, in welchem sich vieles, wie von unsichtbarer Hand geführt, zusammengetan hat. Und ich würde es insgesamt als gelungen bezeichnen und bin mit dem Ergebnis sehr zufrieden; denn als Bildungspionier habe ich es aus der absolut untersten Ebene, trotz meiner Behinderung, ziemlich weit nach oben geschafft. Und darauf bin ich sehr stolz. Wenngleich auch die emotionale Seite in meinem Leben dadurch vielleicht etwas zu kurz gekommen sein mag.

Versuche mit Mitmenschen auch nur simple Kontakte zu knüpfen war sehr schwer. Ich hatte oft den Eindruck, sie fühlten sich von mir dann irgendwie unangenehm auf den Pelz gerückt und belästigt, und gingen mehrfach sofort merklich auf Distanz. Ganz besonders die Herren der Schöpfung, bei denen vermutlich selber ein Selbstwertproblem bestand. Aber wer will sich schon mit einem behinderten Menschen anfreunden, da hat man es oft schwer. Das könnte einem gesunden Menschen, der das Wagnis eingeht, ja als

Defizit angerechnet werden und dann eventuell zu einem Verlust von Anerkennung vom seinem restlichen Freundschaftskreis führen.

Ich habe mein ganzes Leben lang immer nach Liebe gesucht und sie nicht gefunden. Zumindest nicht so wie man sie sich gewöhnlich vorstellt, wenn man sie mit körperlicher Nähe, Zärtlichkeit und Sexualität gleichsetzt.

Allerdings habe ich durch die intensive Suche im Labyrinth meines Lebensweges, in welchem die Wege oftmals sehr steinig und für die Füße sehr schmerzhaft zu gehen waren, auch den Minotaurus, das wahrscheinlich böse Alter-Ego des antiken König Minos getroffen. König Minos wollte ja wahrscheinlich mit dem Superstier in seinem Keller, der stets nimmersatt immer 13 Jungfrauen zum Nachtisch fressen musste, angeben, um sich so vor seinen Leuten mächtiger erscheinen zu lassen. Das hat ihm aber letztlich auch nichts genützt. Denn der noch um vieles schlauere Grieche Theseus hat der Sage nach das Monster dann ja umgebracht, und der minoischen Kultur damit ein Ende gesetzt. Vielleicht war es aber auch der Ausbruch des Vulkans Thera auf der Insel Santorin, durch den das Reich der Minoer zugrunde ging. Man sagt ja auch, dass ein Vulkanausbruch in einer Art Domino-Effekt die im Alten Testament beschriebenen 10 ägyptischen Plagen ausgelöst haben soll.

Ich habe bei Minotaurus aber etwas ganz Tolles gefunden. Er war, als ich ihn sah, ganz zahm, machte nämlich gerade sein Mittagsschläfchen und schnarchte genüsslich vor sich hin, sodass ich mich an ihm vorbei schleichen konnte. Als ich ihn dabei aus Versehen an eines seiner riesengroßen Hörner stieß, grunzte er nur einmal kurz im Schlaf. Was ich dann danach, eine Ecke weiter, fand, war etwas unheimlich Großes, was die wirkliche, nämlich geistige Liebe, sein könnte: Das Glücklichsein, welches einsetzt, wenn man merkt, dass man als kleines unbedeutendes Individuum durch seine Taten anderen Menschen helfen, sie dadurch glücklicher machen kann, und es sie positiv weiterbringt.

Mein Schicksaal schien es unter anderem auch zu sein, dem nierenkranken und auch etwas sozial behinderten Herrn Mensdorf durchs Leben zu helfen. Während der letzten Monate seines Lebens hat es mir dabei fast das Herz gebrochen, mit ansehen zu müssen, wie sein Körper von Tag zu Tag immer weniger wurde und sich seine Psyche mehr und mehr vergiftete. Auch habe ich dabei nicht immer angemessen auf seine aggressiven Attacken reagiert, und kann nur wünschen, dass seine Seele mir vergeben möge. Es ist aus Liebe geschehen, denn ich konnte meine Angst um ihn nicht anders ausdrücken, als ebenfalls mit Aggression zu reagieren. Ich kann ihm seine Gehässigkeiten verzeihen, da wir beide in unserem Leben nie gelernt hatten, Gefühlen angemessen Ausdruck zu verleihen.

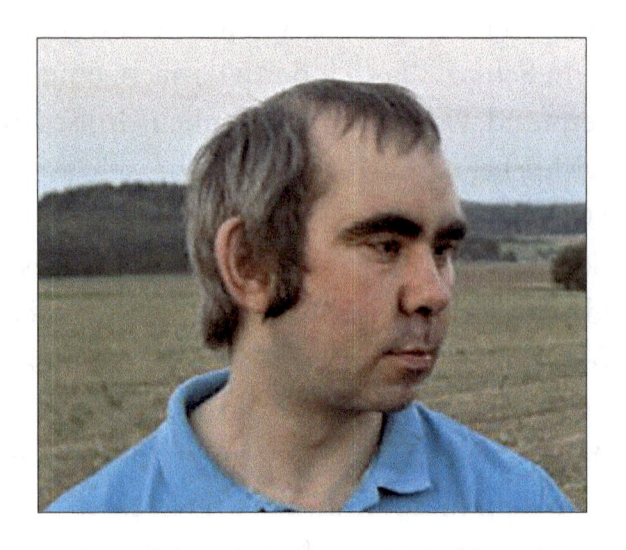

Herr Mensdorf
Bild aus dem Jahr 2007.

Ich habe mich oft wie in einer unsichtbaren Seifenblase, welche nach außen eine feste undurchdringliche Haut hatte, durch welche niemand an mich herankommen wollte, und die ich von innen auch nicht durchdringen konnte, eingesperrt gefühlt. Und in dieser war ich sehr einsam. Wahrscheinlich war der Grund dafür die fehlende Basis im Erlangen von sozialer Kompetenz aus den frühen Kindertagen, bei welcher ich, aufgrund meines Lebensverlaufs, irgendwie nie mehr ganz die Möglichkeit zur Aufarbeitung gefunden habe.

Aus eigener Erfahrung habe ich gelernt, dass es einen emotional ganz schön runterziehen kann, wenn man Dingen nachträumt, die man jetzt nicht mehr kann. Etwa die verkrüppelten Beine betrachtet, und sich in Gedanken verliert, wie schön es doch war, als man noch springen und tanzen konnte. Das sollte man nicht tun; denn davon werden die Beine auch nicht besser. Das Einzige was geht, ist, meiner Meinung nach, sich mit Physiotherapie noch das, was möglich ist, zu erarbeiten.

Immer wenn es mir mal besonders schlecht ging, hat es mir geholfen, die Schritte in denen ich mich von Tagesereignis zu Tagesereignis gehangelt habe, kleiner zu machen. Meinem Tag eine feste Struktur zu geben, mich für gelungene Schritte mit kleinen Dingen, wie etwa einer schönen heißen Tasse Tee oder Schokolade selber zu belohnen. Mir im Verhältnis von 1:1 von

Spannung und Entspannung kurze Erholungspausen zu gönnen, innezuhalten, etwa mit einer kurzen Meditation oder einem kleinen Gebet. Aber dafür müssen sie geeignet sein. Und mir zu sagen, wenn jetzt etwas schlecht war, dann kann es nur wieder besser werden! Wichtig ist, dass Anspannungsphasen sich immer mit Entspannungsphasen abwechseln. Auf große/lange Anspannung muss aber auch immer eine entsprechende große/lange Entspannung folgen. Und wenn mir mal eine Ecke meines Körpers, zum Beispiel aus Arthrose-Gründen, besonders weh tat, habe ich immer versucht, mich ganz stark auf ein anderes, gerade nicht schmerzendes Körperteil, zu konzentrieren, um die Problemzone in den Hintergrund zu drücken. Das hilft für den Moment tatsächlich und man fühlt den Schmerz nicht mehr so. Ist natürlich auf Dauer keine Lösung und erspart unter Umständen keinen Arztbesuch. Lenkt aber für den Moment auf Positiveres ab. Auch sehr geholfen hat es mir, wenn ich nervlich ziemlich angespannt war, und wenn es möglich war, mich aufs Bett zu legen, mir vorzustellen, ich liege auf einer Sanddüne in der Sonne und es ist angenehm warm. Ich atme so langsam und tief, wie es mir möglich ist, ein und in den Bauch aus. Und jedes Mal, wenn ich ausatme, stelle ich mir vor wie unter mir Sand wegrutscht, und ich nach unten mit dem Sand wegsacke. Es ist ein Versuch wert, man fühlt sich nach kurzer Zeit total entspannt. Geht auch im Sitzen, wo man gerade ist.

Darüber hinaus war mein absolutes Vorbild immer der Astrophysiker Steven Hawking, der trotz seiner schweren Nervenerkrankung, allein mit seinem genialen Geist, so viel erreichte. Und ich mochte seine Schriften. Also sage ich mir, er hatte es gesundheitlich noch so viel schlechter als du, und hat trotz Allem so Unglaubliches geschafft. Ich denke dann, ein bisschen davon kann ich auch!

KAPITEL X

Abschließende Gedanken

Dieser Teil des Buches enthält teilweise sehr abstrakte und auch spirituelle Denkstrukturen, welche jedoch keinerlei wissenschaftliche Korrektheit beanspruchen. Sie sind zwar auch aus Fachbüchern angelesen, aber im Großen und Ganzen meine ganz eigene Sichtweise zum Thema Leben. Sie mögen sie als abstrus und verrückt verwerfen, das wäre ihr Recht. Vielleicht finden Sie aber, wenn Sie sie lesen, doch einiges, dem Sie vielleicht zustimmen können. Und eventuell ist es ja auch ein Appetitmacher, um sich etwas genauer, als ich es in diesem einen Kapitel tun konnte, mit den Thematiken zu beschäftigen. Ich möchte hier meinen interessierten Lesern auch gerne zeigen, was ich in diesem meinen Leben gelernt habe. Dass das Leben eines behinderten Menschen durchaus ein erfülltes und gelungenes sein kann, und dass jede positive Mühe, die man sich für seine Mitmenschen und für sich macht, einem selbst am Ende auch immer ein bisschen mehr Glück und Zufriedenheit bringen kann.

Dann bekommen sie aus meinem Ihnen eventuell etwas ungewöhnlich anmutenden spirituellen Denkansatz möglicherweise auch einen Anstoß zur Beantwortung der vier wesentlichen Basisfragen des menschlichen Lebens, welche ich mir hier zu stellen versuche. Nämlich: Wer bin ich, wo komme ich her, aus welchem Grund bin ich auf dieser Welt, und wo gehe ich hin?

Hindus und Buddhisten glauben, wir befinden uns in einem ewigen Kreislauf von Werden und Vergehen. Ich denke da an eine Wiedergeburt als Wurm, Pflanze, Tier und immer so weiter, bis irgendwann wieder einmal als Mensch. Allerdings nicht nach dem Prinzip der Belohnung oder Bestrafung für Wohl- oder Fehlverhalten im jetzigen Leben, wie es diese Religionen sehen, sondern eher nach dem Zufallsprinzip, welches Lebewesen dann welches wieder freigewordene Materieteilchen in sich aufnimmt. Auch wiederholen sich, meiner Meinung nach, alle Gesetze des Lebens und es sind dieselben, im großen Ganzen wie auch im mikroskopisch kleinen.

Als bildhaftes Beispiel dazu könnte man die russischen Schachtelpüppchen nennen: Man öffnet die große und es kommt immer wieder eine identische etwas kleinere zum Vorschein. Bei diesen Püppchen kann man das Öffnen ungefähr siebenmal wiederholen. Im Leben geht es bis ins mikroskopisch kleine, bis ins Reich der Elementarteilchen so weiter. Und umgekehrt gedacht, vom Kleinen bis ins universelle Große, multipliziert sich jeder Zellbaustein der belebten Materie dauernd mit sich selbst. Aus einer Zelle werden zwei, aus zwei vier, aus vier acht, aus acht sechzehn und immer so weiter, und die Einzelteilchen fügen sich zum großen Objekt zusammen. Den Bauplan dazu, sozusagen das Strickmuster, welches bestimmt, was aus der Zelle werden soll, liefern die DNA und die RNA des Zellkerns. Die großen Konstrukte bestehen immer aus unendlich vielen zusammengefügten kleinen. Ich glaube, es war ein Mathematiker mit Namen Benoit Mandelbrot, der sich aus mathematischer Sicht auch damit beschäftigt hat.

Das Universum/die Universen – ich gehe einfach mal davon aus, dass es mehrere gibt, bewiesen ist es nicht – ist/sind meiner Meinung nach wie ein großer Kuchenteig aus Materie, der wie von unsichtbarer Hand ständig umgerührt wird, und sich dadurch stets in seiner/ihrer Zusammensetzung verändert/verändern, aber an Masse nie etwas verliert/verlieren. Es/sie wurde/n durch einen Urknall geboren.

Lebewesen kommen durch eine für sie anstrengende Geburt auf die Welt. Wir alle haben nur eine begrenzte Zeitspanne des Daseins, in der wir uns entwickeln, entfalten, auf dem Höhepunkt ankommen, und dann zu altern beginnen, abnehmen und letztlich wieder sterben. Das ist bei den Sternen und deren Planeten genauso wie bei uns Lebewesen und den Mikroorganismen. Leben pulsiert zwischen zwei Polen, dem Werden und dem Vergehen. Auch unsere gesamte Menschheit ist diesem Zyklus unterworfen. In den Jahrtausenden, die wir nun schon auf der Erde leben, hatte sie, denke ich, auch so etwas wie eine Kindheit, eine Jugend und Entwicklungsphase, ein Erwachsen sein und eine Zeit des Alterns. In welcher Phase sie sich zurzeit befindet, mag jeder für sich selbst herausfinden. Ganze Völker, Gesellschaften, entstehen, entwickeln sich kulturell, altern und verschwinden wieder von der Bühne des Lebens.

In uns selber können wir diese Pole des Werdens und Vergehens in der kleinsten Einheit durch das Pulsieren unseres schlagenden Herzens wahrnehmen. Ein „Perpetuum Mobile", welches durch das Schwingen zwischen unterschiedlichen Polen entsteht und dadurch eine Energiespannung hervorruft, welche sich ständig erneuert: Vergleichbar mit unserem Atem, dem Einatmen gleich Anspannung und Ausatmen gleich Entspannung. Aber auch die künstliche Intelligenz des Computers funktioniert so. In den Tausenden von möglichen Kombinationen von 0 und I, gleich 0 wie kein/e Strom/Energie und I wie Strom/Energie.

Wir können die Pole auch mit Positiv – Negativ, Gut – Böse, Licht – Dunkel, angenehm – unangenehm, Tag – Nacht, Geburt – Tod, plus – minus, Sommer – Winter, Tage, an denen alles gut läuft – Tage, an denen alles daneben geht, Belohnung – Strafe benennen. Man könnte noch einige Spannungsfelder mehr aufzählen.

Wichtig wäre es, an dieser Stelle, in diesem Zusammenhang, noch das „Newtonsche Pendel" in Erwähnung zu bringen. Es ist ein schwerer Ball, der an einer Schnur hängend, wenn er zu einer Seite gezogen wird, und man ihn dann loslässt, zur gegenüberliegenden Seite zu schwingen beginnt. Und zwar immer nur genauso weit auf die gegenüberliegende Seite, wie er auf dieser Seite gezogen wurde. Und es kommt genau an den Punkt zurück von dem es gezogen wurde. Es pendelt sich aber auch immer wieder langsam aus, bis der Ball dann wieder still an seiner Schnur hängt.

So wie das Leben eines Menschen, oder das eines ganzen Sonnensystems mit Schwung beginnt, sich entwickelt und dann langsam wieder schwächer wird, bis es ganz zum Stehen kommt/ erlischt. Der große Schwung des Pendels dauert ein ganzes Leben lang. Viele kleinere und ganz kleine sind unsere Erlebnisse im positiven wie im Negativen und von erheblich kürzerer Zeitspanne.

Übertragen auf schlechte Erlebnisse müssen nach dem Gesetz des Pendelns dann auf sehr negative Erfahrungen immer auch wieder sehr positive folgen. Und Je mehr das Pendel ins Negative ausgeschlagen ist, umso mehr bewegt es sich danach in die positive Seite. Das heißt so viel, dass auf jedes schlechte Erlebnis ein entsprechend Gutes folgen muss. (Ich kann das sehr schöne Gefühl, dass es mir wieder besser geht, ja auch nur auskosten, wenn es mir zuvor schlechter gegangen ist, und ich jetzt den Unterschied fühle.) Ein physikalisches Gesetz der Schwerkraft, denke ich. Wichtig ist hier: Das Pendel ist ebenso ein interaktives Phänomen im und zwischen Menschen. Es funktioniert auch, wenn mehr als einer beteiligt ist, lediglich im schlechten oder im guten Bereich. Wenn ich etwas Schlechtes auslöse, zum Beispiel schlecht über andere denke oder jemandem etwas Böses wünsche, vielleicht sogar antue, kommt es genauso schlecht wieder zu mir zurück; denn ich habe auch meine Gedanken in dieser Weise infiltriert und werde in meinem Wesen negativ. Und umgekehrt bei guten Dingen funktioniert es genauso. Also, wenn ich viel Gutes tue, bekomme ich auch viel Gutes zurück! Dazu fällt mir jetzt ein Sprichwort ein. Es lautet: „Wie man in den Wald hineinruft, so schallt es zurück!" Hier liegt vielleicht auch das Geheimnis des christlichen Gebotes: „Liebe Deinen Nächsten wie dich selbst." (Dann geht es dir gut.) Es ist deshalb, denke ich, von Vorteil, wenn ich immer fair und auf Augenhöhe an meine Mitmenschen denke, und dabei dankbar bin, für das, was ich selber habe. Eine Situation kann noch so schlimm sein, wenn Empathie oder Liebe dabei ist, wird sie ertragbar, eventuell sogar ins Gegenteil verkehrt, vergoldet und wunderschön. Und letztlich nivelliert sich sowohl im Positiven als auch im Negativen alles immer wieder und flacht ab. Etwa so, wie eine große Welle langsam auf einem Sandstrand ausläuft.

Im Großen, wenn mehrere Menschen beteiligt sind, können sie im Negativen sich gegenseitig so aufstacheln, dass Revolutionen und sogar Kriege ausgelöst werden. Auf der positiven Seite denke ich dabei zum Beispiel an die friedlichen Montagsdemos, die dem unglücklichen System der DDR ein Ende bereiteten, oder etwas früher, in den späten 60ern, an die Hippiebewegung und „Make Love, Not War" als Reaktion auf den Vietnamkrieg, die der Welt durch die „Blumenkinder" damals kurzfristig ein bisschen einen rosaroten Schimmer verleihen konnte.

Dann werden die Ausschläge des Pendels langsam schwächer, bis sie ganz verschwinden. Es muss von mir immer neu angestoßen werden.

Übertragen auf die emotionalen Ereignisse bedeutet dies, dass sich „die Wogen immer wieder glätten werden". Der Verursacher, der das Pendel zum Ausschlagen bringt, ist man oft selber. Ein anderes Mal ist es der Umstand, in welchen man durch äußere Einwirkungen hineingeworfen wird. Beruhigt sich aber in beiden Fällen wieder. Bei kleinen Kindern sagten zu meinen Zeiten die Eltern dann: „Alles wird gut" oder „Heile, Heile Gänschen" …

Und durch eigene Aktivität kann man es manchmal noch zu seinen Gunsten für sich positiv beeinflussen.

Wir Menschen sind unserem Schicksaal nie ganz ausgeliefert, wir sind zu einem gewissen Teil auch die aktiven Mitgestalter. Wir sollten nur nicht passiv bleiben, und warten bis etwas passiert. Dann geschieht nämlich meistens gar nichts oder etwas, was man so nicht wollte. Besser ist es, die Fäden selber in die Hand zu nehmen, um etwas Gutes für sich und/oder seine Mitmenschen zu tun. Dann kommt auch etwas Gutes zurück. Und außerdem, können, denke ich, durch Wechsel in der Perspektive, durch Fixieren auf einen anderen Aspekt, aus der jeweiligen Situation, noch mehrere positive Gesichtspunkte herausgelesen werden. Manche entwickeln sich aber auch erst zukünftig. Was so viel bedeutet, ich erkenne oft erst in der Retroperspektive, was gut für mich war und was schlecht, indem ich lerne, etwas im Nachhinein mit anderen Augen zu sehen.

Mir fällt dazu ein ähnliches Thema aus meinem Religionsunterricht ein, um heraus zu arbeiten, wie man etwas verschieden sehen kann:

Ich habe dazu einmal meine Schüler gebeten, ihren Banknachbarn/ihre Banknachbarin zu beschreiben. Einige beschränkten sich auf Äußerlichkeiten, er/sie hat eine rote Jacke an, hat schwarze Haare und trägt Turnschuhe, u. s w. Andere erzählten, er/sie ist freundlich, hilfsbereit, hat immer eine schöne Geschichte für mich, wenn ich mich mal mies fühle. Er/sie ist mein Freund/meine Freundin.

Es verdeutlichte die unterschiedlichen Perspektiven, mit denen man etwas betrachten kann. Ich habe dann gefragt, wie sie sich während des Beschreibens gefühlt haben. Erstere sagten „ich habe nichts gefühlt", letztere meinten „ich war froh", weil ich eine/n so nette/n Freundin/Freund habe.

Hieraus kann man schlussfolgern: Auch ein Rezept, sich gut zu fühlen, ist die „Empathie"!

Und eine ganz persönliche Geschichte zum Thema, etwas mit anderen Augen sehen, möchte ich hier noch hinzufügen:

In den zwei Jahren, in denen ich als Kind, bevor ich in die Schule kam, die Hansenhaussiedlung durchstreifte, durfte ich einmal mit dabei sein, wie unser nördlicher Nachbar eine kleine Birke in seinen Garten pflanzte. Ein sehr kleines zartes Bäumchen war es damals. Es reichte mir Sechsjährigen ungefähr bis an die Brust. Heute ist sie über 20 Meter hoch und der Stamm hat unten fast einen Meter Umfang. Ein toller stattlicher Baum ist aus ihr geworden. Mein Mitbewohner im Haus, Herr Mensdorf, bemerkt, ich solle die Stadt anrufen, damit sie den Nachbarn dazu bringen, den Baum zu fällen. Er sei viel zu groß für einen Garten und gefährlich. Bei einem starken Sturm aus der entsprechenden Richtung könne er über zwei Grundstücke fallen und dann in meinen Glaswintergarten stürzen.

Ich kann mich nicht dazu entschließen; denn ich bewundere ihn jeden Morgen, wenn ich noch im Bett liege, dabei aus dem Fenster schaue und sehe, wie schön er ist. Zu jeder Jahreszeit sieht er anders aus. Und er erstrahlt besonders, wenn es morgens dämmert und die Sonne noch nicht ganz über den Horizont gestiegen ist, aber schon ihr diffuses erstes Licht den Himmel zartgelb oder auch rosarot erscheinen lässt. Oder wenn er im Winter mit Schnee bedeckt wie in einen eleganten Pelzmantel eingehüllt dasteht, und im Frühling seine Ästchen zartgrün zu schimmern beginnen. Eine ganz besondere Farbgebung in Kontrast zu seiner wunderschönen weißen Rinde ist das dann, finde ich.

Eine morgendliche Meditation, die ich sehr vermissen würde, wenn er nicht mehr da wäre. Ich weiß es einfach, er ist mein Freund und ich unterhalte mich jeden Morgen mit ihm, frage, wie es ihm geht. Ich weiß es einfach, er wird jedem Sturm standhalten und nicht in meinen Wintergarten stürzen. Ich habe noch andere, allerdings kleinere Freunde: Da sind meine drei sehr alten, jedes Jahr wieder grün werdenden und in mehreren Farben erblühenden Geranienpflanzen, mit denen ich immer mein Mineralwasser teile. Immer wenn ich sie gegossen habe, geben mir ihre Blätter dann als kleines Dankeschön etwas von ihrem wunderschönen Geranienduft ab. Und dann sind da noch meine anderen Zimmerpflanzen, besonders meine riesengroße, bis zur Zimmerdecke reichende Yuccapalme. Sie begleitet mein Leben schon seit vielen Jahrzehnten. Ich begrüße sie jeden Morgen und sie sagt mir dann durch ihr Erscheinungsbild, wie es ihr geht, und ob sie Wasser braucht.

Außerdem habe ich in diesem Sommer einen „Saisongast" in meinem Schlafzimmer. Es ist eine wilde Heckenrose mit mehreren Ranken. Sie hat sich, wohl aufgrund der in diesem Jahr, wegen des vielen Regens, extrem üppig sprießenden Vegetation, durch mein ständig gekipptes Fenster den Weg aus meinem Garten, über meine Gardinenstange, zu mir ins Zimmer gesucht. Sie rankt jetzt unter meiner Zimmerdecke entlang. Wahrscheinlich mag sie die Klassische Musik, die ich jeden Morgen höre.

Und last, not least ist da auch noch meine Stubenfliege. Ich habe sie „Willi" getauft. Sie besucht mich gelegentlich, wenn ich vor dem Fernseher sitze. Dann setzt sie sich auf mein Knie und beginnt sich zu putzen: Zuerst setzt sie sich dabei auf ihre hintersten Beinchen, reckt sich mit dem vorderen Körperteil nach oben, befeuchtet ihre vorderen Beinchen mit ihrer rüsselartigen Zunge und reibt sie wie zwei Ärmchen gegeneinander. Dabei fährt sie sich dann manchmal mit dem rechten oder auch mit dem linken über ihr Köpfchen und so über die Fliegenaugen, denn die müssen ja auch sauber sein. Als Nächstes kommen ihre Flügel dran. Dazu benutzt sie ihre mittleren Beinchen, dreht sie nach oben und streicht sich über die Flügel. Abwechselnd mit dem linken und rechten Bein. Zum Schluss stützt reckt sie ihr Hinterteil in die Luft, geht mit den vorderen zwei Beinchen nach unten, als würde sie sich auf den „Ellenbogen" abstützen, und reibt die hinteren, wie zu Beginn die vorderen, fast im Kopfstand verharrend, in der Luft gegeneinander. Wenn sie dann der Meinung ist, dass ihre Flügel noch nicht richtig sauber sind, fährt zu sich mit diesen auch noch mal darüber. Dieser akrobatischen Putzzeremonie folgt dann meistens ein kurzes Schläfchen, denn die Prozedur war ja auch anstrengend.

Jeder Mensch wünscht sich wohl irgendwie ein Leben ohne Leid, aber durch negative Erfahrungen/Druck werde ich, wenn ich durchhalte, auch als Individuum besonders stark geformt. Und manchmal ist der „Former" auch die erlangte Behinderung. Bei mir, denke ich, war es unter anderem so. Ohne die Spannung zwischen negativen und positiven Erfahrungen ist keine Weiterentwicklung möglich.

Das Leben gleicht, meiner Meinung nach, auch einem See mit Wellen, denn alles Leben ist ja auch anfänglich im Wasser entstanden. In einem Meer, mal mit großen schweren Wellen und dann auch mit ganz kleinen oder auch mal gar keinen. Wellentäler/ruhige See entsprechen guten Zeiten. Und hohe Wellen gleichen schweren Zeiten. Diese wechseln sich ständig ab. Mal sind die Wellen ganz hoch, mal ganz klein. Und dann gibt es auch mal gar keine, das heißt, es ist windstill. Es passiert dann gar nichts.

In großen universellen Raum und Zeiteinheiten spricht man dann eher, wenn es sich wiederholende Ereignisse sind, von Zyklen: wie zum Beispiel die durch unseren Erdtrabanten täglich ausgelösten Gezeiten von Ebbe und Flut. Oder die ungefähr im Abstand von zweihundert Jahren auf unserer Erde auftretenden Epidemien. Und die sich innerhalb mehrerer Jahrtausende ändernde Form der Umlaufbahn unserer Erde um die Sonne von der Kreisform zur elliptischen

Form und wieder zurück. Außerdem die in den verschiedenen Erdzeitaltern auftretende leichte Schwankung in der Erdachse. Und auch die in diesem großen Zeitraum ab- und zunehmenden Sonnenflecken, welche dann das Klima auf unserer Erde beeinflussen.

Das Strickmuster des Lebens ist dabei, denke ich, auch hier immer das gleiche, im universell großen, wie im mikroskopisch kleinen. Es verläuft in sich abwechselnden Hochs und Tiefs. Und es verläuft nicht analog, sondern auch nebeneinander her. Die Wellen in verschiedenen Größen können sich gegenseitig überlagern, zeitlich und emotional im Positiven und im Negativen. Können dadurch sogar zu Monsterwellen werden. Die Ursachen dieser Wellen können wetterbedingt/von außen verursacht, aber auch durch unser eigenes Verhalten ausgelöst werden.

Mehrere Geschichten und Ereignisse überlagern und addieren oder potenzieren sich manchmal, laufen parallel nebeneinander und können im Negativen Unglücke bis hin zu Katastrophen auslösen. Eine ganz kleine Welle wäre zum Beispiel etwa das Fallenlassen einer Tasse, die dabei zu Bruch geht. eine Sauerei, die man aus Schusseligkeit veranstaltet und wieder wegputzen muss. Eine etwas Größere ist vielleicht ein

Schnupfen. Und eine ganz große dann unter Umständen eine schwere Krankheit und/oder das Sterben eines Familienmitgliedes.

Was aber im ersten Moment als eine schlimme Katastrophe erscheint, öffnet auch wieder Türen für neues Positives. Nach einer Naturkatastrophe, zum Beispiel, erobert sich die Natur meist alles schnell zurück und erscheint dann üppiger und schöner als je zuvor. Und oft kitzeln die schlimmsten Katastrophen auch die besten Eigenschaften, wie etwa gegenseitige Hilfsbereitschaft, aus den Menschen heraus. Und wie heißt es so schön: Auch aus Steinen, die dir in den Weg gelegt werden, kann man etwas Schönes bauen.

Oder in noch größerem Rahmen wäre dann eine Welle oder ein Zyklus das Aufblühen einer ganzen Gesellschaft, welche nach Ihrem Höhepunkt wieder in sich zusammenfällt und vergeht. In Deutschland etwa ging es nach dem Krieg bis 1973 aufwärts. Dann kam die Ölkrise mit ihren autofreien Sonntagen und seitdem, das ist meine Meinung, geht es leider immer weiter bergab. Ein absoluter Kulturkiller ist dabei, denke ich, das moderne i-Phone/Handy, welches seinen Benutzern langsam eigenständiges Denken abtrainiert; denn man hat es ja fast immer dabei und es ist wie ein kleiner Computer, der alles weiß. Da braucht man sich ja selber nichts mehr zu merken. („Drücke auf einen Knopf und du bekommst die Antwort"...)

Wenn mehrere Variationen/Wellenarten zeitlich zusammen nah hintereinander auftreten und sich dann noch überlagern, kann daraus so etwas wie eine Monsterwelle werden. Wie zum Beispiel bei einem mit mir befreundet gewesenen Rechtsanwalt, der sich auf Grund seiner Alkoholsucht eine Behinderung zuzog, wegen dieser im betrunkenen Zustand stürzte und sich dabei seine zweite Schulter brach. Dann nicht mehr leben wollte und sich umbrachte. Das macht es manchmal kompliziert.

Auch unterschiedlich kleine Wellen können zeitlich zusammen zu einer relativ großen werden. In ganz kurzer Zeit, in einem Moment oder länger in mehreren Minuten Stunden, Tagen Wochen. Und dies genauso im Emotionalen, positiv wie negativ. Viele kleine oder etwas größere Positive werden in kleinen oder größeren Zeiteinheiten zusammen positiv ganz groß. Und viele unterschiedlich kleine oder etwas größere negative Erlebnisse ergeben auf diese Weise unter Umständen ein ziemlich großes Negativum. Manchmal wird es aber auch erst im Nachhinein erkennbar, ob die Welle positiv oder negativ war. Das ist dann die, die sich in der Retroperspektive ganz anders entwickelt, als man es erwartet hat.

Dann kennt jeder sicherlich die Tage, an denen einem alles „wie auf links gebürstet" entgegenkommt: Da sucht man dann zuerst nach seinem Handy, dann fällt einem beim Aufmachen der Quark aus den Fingern, plumpst erst in den Schoß und macht Flecken auf der Hose, um dann, natürlich mit dem Gesicht nach unten, auf dem Teppich zu landen. Putzen ist angesagt. Danach, wenn alles wieder sauber ist, fällt die offen gelassene Wasserflasche um, weil man ungeschickt dagegen gestoßen ist, und das Wasser ergießt sich auf dem Tisch. Also muss der Putzlappen ein zweites Mal her. Und dann geht der Fernseher nicht, Alle Sender erscheinen in Ultra-Schwarz. „Keine Verbindung, bitte Antennenkabel prüfen" sagt er!

SSCCHH ... jetzt reichts!!! Am liebsten würde ich mich jetzt ins Bett verkriechen und die Decke über den Kopf ziehen ...

Dies wäre allerdings eine schlechte Strategie; denn dann würde ich dem Chaos ja die Führung überlassen. Besser wäre, wenn ich nachdenke, was könnte ich daraus lernen und das nächste Mal besser machen.

In der Mathematik ist ja auch minus mal minus gleich plus. So kann, im übertragenen Sinn, aus viel Schlechtem, welches sich potenziert, was Gutes werden. Und minus 9, zum Beispiel, und plus 3, ergibt, soweit ich mich erinnere, minus 6. Was so viel bedeutet, das negative Erlebnis wird, auf die emotionale Ebene bezogen, durch das nachfolgende kleine positive als weniger negativ empfunden.

Eine Welle, egal ob groß oder klein, wenn man sie als pure Energie betrachtet, kann aber auch die andere Seite, nämlich ein Glücksfall im Leben sein. Etwa wäre es dann eine positive Monsterwelle, wenn man zum Beispiel nach mehreren glücklichen Umständen seinen Traumpartner trifft und mit ihm zusammen sein darf.

In großen Dimensionen, im für uns Menschen Schlechten, wäre das dann etwa eine Naturkatastrophe. Im Positiven zum Beispiel der gute Ausgang einer Pandemie wie Corona, oder etwa ein Meteorit, der die Erde nicht trifft, sondern knapp an ihr vorbeisaust.

Die evolutionsbedingte Kraft zu wachsen und besser werden zu wollen, das ständige Streben nach Vervollkommnung, um den sich immer wieder ändernden Umweltbedingungen durch die natürliche Auslese des sich als weniger effektiv

Erwiesenen standhalten zu können, auf der einen Seite, wird ausgebremst durch die begrenzte Zeit, die wir in unserem Leben zur Verfügung haben. Auch durch die Schwerkraft/Gravitation, die bewirkt, dass wir mit den Füßen am Boden bleiben und die die Planeten in ihren Bahnen hält. Allerdings, wenn es auf der Erde keine Schwerkraft gäbe, würde hier nichts ordentlich wachsen können. Und im Weltall ist es die Kraft, die ganze Universen entstehen lässt.

Dass wir all dieses erkennen und bewerten können, ermöglicht uns unser Bewusstsein. Ohne Leid im Leben wüssten wir aber auch nicht, was Freude ist. Und nur durch dieses Bewusstsein können wir auch das Phänomen der Zeit erleben. Es ist, glaube ich, neben dem, dass wir es seit der Erfindung der Uhr objektiv, in Abschnitte eingeteilt, messen können, auch ein subjektiv empfundenes Phänomen. Sowohl emotional wie auch temporal. Lebewesen leben unterschiedlich lang und sie empfinden diese Zeit ihres Daseins wahrscheinlich auch unterschiedlich. Außerdem kennt auch jeder sicherlich das Gefühl, dass glückliche Zeiten scheinbar schneller vergehen und Zeiten der Depression sich wie Kaugummi in die Länge zu ziehen scheinen. Die Eintagsfliege lebt nur einen Tag, Säugetiere bis zu mehreren Jahren, je nach Größe, Elefanten werden ungefähr so alt wie wir, und Bäume können mehrere hundert Jahre alt werden, wenn man sie wachsen lässt.

Auch das Gefühl für die Größe des Weltraums funktioniert, denke ich, auf die gleiche Weise. Raum und Zeit sind zwei Seiten ein und derselben Medaille. Sie stehen in Relation zueinander. Ohne Raum kann es meiner Meinung nach auch keine Zeit geben.

Stellen wir uns vor, wir sitzen in einem Intercity-Zug, es ist Nacht und wir fahren mit Hochgeschwindigkeit irgendwohin. Der Zug rast durch die Landschaft, aber wir merken nichts davon. Wir dösen in unserem Sitz und bewegen uns nicht. Am nächsten Morgen sind wir dann an unserem Ziel, ohne diesbezüglich auch nur einen Finger krumm gemacht und eine genaue Vorstellung von der Entfernung, die wir zurückgelegt haben, zu haben.

Genauso sagt man, rast unsere Erde, während sie sich um sich selbst mit Überschallgeschwindigkeit dem Sonnenaufgang entgegen dreht, zusammen mit unserer Milchstraße mit 900 000 km/h durch das Weltall, und wir spüren es nicht. Das Jetzt ist damit kürzer als ein Wimpernschlag, danach sind wir schon wieder ganz woanders. Aber wir wachen trotzdem morgens immer im selben Bett auf und es erscheint immer dieselbe Sonne und derselbe Mond mit allen anderen Sternen am selben Himmel. Albert Einstein hat sich, glaube ich, auch seinerzeit sehr professionell mit diesem Thema auseinandergesetzt und eine Formel dazu aufgestellt. Wenn ich mich nicht irre, nannte er sie „Relativitätstheorie". Für mich ist es sein erbrachter Beweis für die letztlich (noch) Nichtberechenbarkeit der Größe des Universums oder der Universen, denn von uns Menschen aus betrachtet ist seiner Meinung nach ja alles relativ.

Es wird behauptet, die Gravitation der Himmelskörper verbiege den Raum, je nachdem, wie schwer sie sind. Er ist dann wohl flexibel wie eine ständig ihre Form verändernde „Blubberblase", in welcher das oder die Universen herumrasen. Das erinnert mich auch an einen Hefeteig, der gerade vom Bäcker, hier ist es die energiebildende Gravitation, ordentlich durchgeknetet wurde, und nun zum „Gehen" ruhen muss, während er sich blasenbildenderweise durch die Evolution verändert. Oder es ist vergleichbar mit einem Hamster in seinem Tretrad. Der glaubt auch, dass er bis in die Unendlichkeit weit rennt, dabei bewegt er sich sehr lange auf der Stelle im Kreis und der Raum um ihn herum ist in Wirklichkeit ganz klein. Ich habe für mich ein sehr wirksames Meditationsbild gefunden, welches mir sehr viel Ruhe und Entspannung bringt. Hierbei versuche ich mir das unendliche und nachtdunkle Nichts hinter der soeben beschriebenen „Blubberblase" vorzustellen. (Den Ort, den sich gläubige Menschen vielleicht als das Zuhause von einem Gott vorstellen.) Die Konzentration hierauf fällt anfänglich etwas schwer, wirkt dann aber unglaublich beruhigend.

Die Kraft, die dies alles ermöglicht, auch dass es überhaupt so einen Menschen wie Einstein gab, bezeichnen die gläubigen Menschen mit Gott, Allah, Shiva, Großer Geist, Manitu, etc., je nach der Religion der jeweiligen Kultur. Die Christen stellen sich unter Gott eine dreigestaltige Person nach dem Muster einer Familie vor, Gott-Vater, sein Sohn und der Heilige Geist, (so etwas wie der gute Geist der Familie). Es ist der Geist, der bewirkt, dass wir uns nach einem Streit wieder vertragen, dass wir vergeben können. Dass aus Feinden wieder Freunde werden und wir Menschen uns alle wie Brüder und Schwestern zueinander verhalten, wenn wir es wollen.

Als Begründer des Monotheismus gilt der im 2. Jahrtausend vor Christus regierende ägyptische Pharao Amenophis IV, der sich Echnaton nannte und als neuen einzigen Gott Aton, die Sonne, die jeden Morgen neues Licht bringt und die Natur wachsen lässt, verehrte. Er war jedoch seiner Zeit voraus, wurde sogar von manchen für verrückt gehalten. Seine Religion setzte sich zu seiner Zeit nicht durch. Nach seinem Tod kehrte man zum alten Brauchtum zurück und seine eigens für den neuen Gott gebaute Stadt Tel-el-Armarna verfiel wieder. Allerdings finden sich die Wurzeln dieser Gedanken dann später in anderen monotheistischen Religionen, wie auch im Christentum, wieder. Der alttestamentarische Moses war ja auch ein in Ägypten ausgesetztes jüdisches Findelkind, welches man in einem Bastkörbchen, vermutlich zur Regierungszeit von Ramses II, aus dem Nil fischte. Und das dann, nachdem von einer Amme aufgezogen, von der Frau des Pharaos adoptiert wurde und wie ein Königssohn am Hof leben durfte. Nur, da bekam er auch viel von deren religiöser Haltung mit, und machte sich daraus bald sein eigenes Bild. Davon kann man ja viel im Alten Testament der Bibel lesen.

Bei anderen Religionen ist das Göttliche dann ein abstraktes Phänomen, lediglich ein geistiges Element, oder nur blanke Energie geworden. Der Pantheismus zum Beispiel sieht das Göttliche nicht in einer Person, sondern lediglich in der Struktur und im Aufbau des Universums, in dessen Energie, welche sich durch Konzentration und Meditation auch in uns als Individuen verstärken lässt.

Was bei allen Religionen gleich ist: Sie funktionieren immer nach dem Prinzip Hoffnung und Vertrauen. Hoffnung auf Hilfe, auf das Licht am Ende des Tunnels. Auf das Ende des gerade durchlebten Leids, wie zum Beispiel zur Zeit der Wunsch auf die Rückkehr zur Normalität nach der gerade durchlebten Coronapandemie. Und Vertrauen darauf, dass dies durch die Führung einer höheren Macht dann auch eintrifft. Sie sind die „Bridge Over Troubled Water, wie besungen im gleichnamigen Song von Simon and Garfunkel aus dem Jahr 1970. Hier haben es die Menschen leichter, die in ihrer frühen Kindheit diesbezüglich ein gewisses Urvertrauen entwickeln konnten.

Bei mir war es der Kindergottesdienst, den ich in den ersten Lebensjahren besuchen durfte, und etwas später die Kinderstunde der evangelischen Diakonie. Auch meine hessische Oma und mein Vater, welche ermöglichten, dass ich mich als Kind angenommen fühlen durfte.

Und Es ist die Sehnsucht, das Streben, das Bitten im Gebet auf die für uns persönlich besser erscheinende Gestaltung der positiven Seite des Pendels. Es ist der Versuch von uns Menschen, das auszugleichen, was wir mit unserer begrenzten menschlichen Intelligenz nicht verstehen können.

Und diejenigen, die bereit sind, diese Begrenztheit anzunehmen und mit einem Glauben füllen können, sind, meiner Meinung nach, durchaus im Vorteil; denn sie leben mit einer Ungewissheit weniger.

Bei den Christen ist diese Hoffnung auch eingebettet in den zeitlichen Jahresablauf des Kirchenjahres: Auf die Karwoche, das Leiden, personifiziert in der Leidensgeschichte Jesu, folgt die Erlösung in seiner Auferstehung, welche sie durch das Feiern des Osterfestes körperlich, und durch das Feiern des Pfingstfestes geistig darstellen. Die Struktur des Kirchenjahres hat unseren Vorfahren auch Halt gegeben. Sie haben in und mit ihm gelebt.

Man kann die Passion von Jesus auch als eine Metapher für sämtlich mögliches Leid, welches einem Menschen im Laufe seines Lebens widerfahren kann, ansehen. Es war zu seiner Zeit wohl die schlimmste Tortur, die einem zustoßen konnte: Von der Besatzermacht Rom misshandelt und zu Tode gequält zu werden. Aber er hat es durchgestanden.

Ein Beispiel für uns alle, dass wir durch große leidvolle Erfahrungen auch über uns hinauswachsen können, wenn wir durchhalten.

Die moderne Medizin und die Historiker glauben nicht an den Tod von Jesus am Kreuz. Einige Mediziner sagen, dort hängend zu sterben dauere an die sieben Tage. Bis dahin sei der Mensch erstickt. So lange hing Jesus jedoch nicht am Kreuz. In seinem Fall hat ihn ein römischer Soldat schon früh mit seiner Lanze in die Seite gestochen und damit unabsichtlich seine Lunge punktiert, sodass das durch die Geißelung entstandene Wundwasser ablaufen konnte. Er sei danach in ein Koma gefallen, aus welchem er erst nach einiger Zeit, nachdem man ihn schon vom Kreuz heruntergenommen und ins Grab gelegt hatte, wieder aufwachte. So fanden die Frauen, die ihn salben wollten, das Grab leer vor. Wie die Geschichte dann weitererzählt wurde, ist nachzulesen. Und was von seinen Jüngern dabei später in liebevoller Erinnerung dazu gedichtet wurde, wird jeder für sich selbst entscheiden müssen. Wahrscheinlich hat er, nachdem er sich noch einige Male den Jüngern zeigte, dann sein Bündel geschnürt und ist Richtung Osten gewandert, um dort seine Lehre weiter zu verbreiten.

Jeder ernsthafte Christ wird sich aber, denke ich, irgendwann einmal die Frage stellen, ob es diesen Zimmermannssohn Jesus, so wie er in der Bibel beschrieben wird, wirklich gegeben hat, oder ob er eine von seinen Jüngern idealisierte Vorstellung einer von ihnen geliebten Persönlichkeit gewesen ist. Man wird es hundertprozentig wohl nie mehr herausfinden können. Fakt ist aber, meiner Meinung nach, er muss ein außergewöhnlicher Mensch mit ungewöhnlicher Ausstrahlung und Anziehungskraft gewesen sein.

Er schaffte es, in der damaligen geschichtlichen Situation, in der Palästina ein von Rom besetztes Land war, Unmengen von Menschen um sich zu scharen. Sie dachten, er wäre der neue König, welcher sie von den Römern befreien würde. Obwohl er seinen Jüngern immer sagte, dass sein Reich kein Territorium umfassendes, sondern ein spirituelles, „nicht von dieser Welt" sei. Sie schaufelten ihm damit unabsichtlich sein Grab. Auch gelang es ihm, aus dem alten ägyptischen Aton-Sonnenkult-Monotheismus, indem er aus ihm in einer genialen Weiterentwicklung auf der emotionalen Ebene, wahrscheinlich dann hauptsächlich durch die Initiative der ihm nachfolgenden Apostel, eine neue Religion der Vergebung und Nächstenliebe zu machen. Damit konnte er vielen Menschen in zukünftigen Jahrtausenden einen Halt in ihrem Leben geben. Allerdings gab es diesbezüglich dann aber auch viele Kriege. Jede der beteiligten Seiten behauptete, die richtigere Version der Lehre, welche es zu verbreiten galt, zu besitzen. Es wurden so auch Machtansprüche geltend gemacht und dafür Gelder abgezweigt, die man armen Menschen abluchste. Ich denke hierbei insbesondere an den Dreißigjährigen Krieg von 1618–1648.

Musikalisch wunderschön dargestellt hat das Leiden von Jesus, in der Musik der Barockzeit, Johann Sebastian Bach in seiner Matthäus-Passion (BWV 244). Sie ist, meiner Meinung nach, eines seiner wundervollsten Werke und hat fast etwas von einer Oper. Und dort in der mehrstündigen Aufführung in einem der Chöre mitgesungen haben zu dürfen, gehört zu den schönsten Erlebnissen in meinem Leben.

In der katholischen Kirche gibt es bei den Christen, der Karwoche vorausgehend, den im Mittelalter erfundenen Carneval (ist auf lateinisch, Carne levare, und heißt so viel wie „Fleisch wegnehmen".) Es ist eine künstlich geschaffene Hochzeit, in der man so richtig aus sich herausgehen und verrückt sein darf, weil man merkt, dass nach der dunklen Winterzeit die Seele so langsam einen Durchhänger bekommt. Sie geht der 40tägigen Fastenzeit, in der kein Fleisch gegessen werden darf, und in der man sich auch in anderen Dingen einschränken soll, voraus. Sein Ursprung liegt im „Saturnalien-Fest" der Römer. (Die westliche Rheinseite gehörte ja im Altertum, zu den Zeiten des Römischen Reiches, zu Rom. Es war dort ein Bauernfest zu Ehren des römischen Gottes Bacchus und wurde zurzeit der Wintergetreideaussaat, vielleicht als zusätzlich vom Menschen erschaffenes Hoch in Erwartung der sich langsam ankündigenden kühleren Jahreszeit, gefeiert.

Manche mögen den Fasching albern finden. Aber verschafft man sich nicht so auf diese Weise noch einmal selber zusätzlich einen Ausschlag der Gefühle zur positiven Seite? Und freut sich so auch auf den hoffentlich nicht mehr lange auf sich warten lassenden Frühling. Man kann also auch selbst etwas machen, um sich besser zu fühlen. Man muss sich dazu nur für die positive Seite der Gegensätze entscheiden, und diese nähren, damit sie größer wird.

Ich habe, dahingehend, auch mal einen wirklich guten Tipp für kleine Durchhänger bekommen: Wenn man sich „down" fühlt, soll man seine Mundwinkel mit den Zeigefingern nach oben, in Richtung zu den Ohren, ziehen. So als würde man beim Fotograph „Cheese" sagen müssen. Diese Spannung dann eine Weile so halten, und man würde sich besser fühlen. Bei mir hat es gewirkt!

Der menschliche Geist strebt immer nach Vervollkommnung, egal in welcher Richtung, sei es positiv oder negativ. Diese Eigenart unterscheidet ihn wahrscheinlich von allen anderen Lebewesen. Das ist der Haken in unserem Dasein, den wir der Tatsache verdanken, dass wir ein Bewusstsein haben. Alles soll immer noch besser, noch perfekter, noch größer und schöner werden, als es schon ist. Dabei kann es aber auch passieren, dass etwas verschlimmbessert wird, die Geschichte ins Gegenteil umschlägt und die Sache nicht besser, sondern nur schlechter wird.

Aber auch in der Evolution funktioniert dieses Prinzip, allerdings anders. Hier ist es die natürliche Auslese, bei der immer das genetisch weitergegeben wird, was sich als am effektivsten erweist. Alles in der Natur entwickelt sich dementsprechend ständig weiter, wenn die sich ändernden Umstände es notwendig machen. Was sich nicht bewährt, stirbt aus oder mutiert zu etwas, was sich der jeweiligen Situation besser angepasst hat. Da sich die Gegebenheiten aber stets wandeln, werden die Änderungen/Mutationen auch nie aufhören. Vollkommenheit wird nie erreicht werden. Und das ist nicht nur in der Biologie so, sondern generell. In der Biologie ist das Strickmuster jedoch gleichgeblieben. Es ist die von einer Doppelmembran umgebene Zelle mit den dazu gehörenden DNA und RNA Erbinformationen im Zellkern. Diese beinhalten vier Desoxyribonukleinsäure-Basen: Adenin, Cytosin, Guanin und Thymin. Sie sind in einer Doppelhelix als Erbinformation in allen Zellen der lebenden Materie und auch in den Viren vorhanden. Je nachdem, in welcher Reihenfolge sie sich aneinanderketten, wird daraus ein Regenwurm, ein Baum oder ein Elefant. Und wie dieser dann jeweils auszusehen hat, bestimmt die Erbinformation der Zelle und die Evolution, und damit auch die Zeit. Alle Menschen und alle Wirbeltiere durchlaufen dabei während ihrer Embryonalzeit ihre eigene Evolution im Schnelldurchgang. Das „Baumaterial" hierzu liefern die im Universum vorhandenen physikalischen und chemischen Elemente, welche bei den Säugetieren, zu welchen auch wir Menschen gehören, beim Embryo anfänglich über den angegliederten Stoffwechsel der Mutter, bei den eierlegenden Individuen über den Vorrat im Eidotter und Eiweiß und bei den Pflanzen über die Keimanlage im Samen abgegeben werden. Nach der Geburt läuft alles über den jeweils artspezifisch eigenen Stoffwechsel des dann lebenden Individuums.

Jetzt dazu noch ein Beispiel aus dem Praktischen: Ich denke, fast jeder von uns hat in seinem Leben einmal Häkeln gelernt. Da gibt es Luftmaschen, feste Maschen und Stäbchenmaschen. Ganz einfach! Und hieraus kann man die tollsten Sachen mit den unglaublichsten Mustern häkeln. Und das aus nur drei Maschenarten. In der Natur ist es genauso. Jedes Lebewesen hat sein artspezifisches, im Zellkern genetisch festgeschriebenes, „Häkelmuster", welches akribisch genau ausgeführt wird. Der Bauplan ist von Anfang an vollkommen komplett vorhanden. Die einzelnen Elemente aus ihm werden nur zu unterschiedlichen Zeiten und ganz spezifisch, je nachdem, was es werden soll, zum Beispiel ein Organ, ein Haar oder ein Knochen, wenn die Zeit dazu reif ist, aktiv. Als Beispiel: Die Zweiten Zähne kommen ungefähr mit zehn Jahren. Bei den Weisheitszähnen ist man oft schon über zwanzig Jahre alt. Und ein Bart beginnt auch erst bei fast erwachsenen jungen Männern zu sprießen.

Was sich hier besonders bewährt hat: Wenn junge Pflänzchen keimen, dann fast immer mit zwei Keimblättchen. Säugetiere, Vögel und Reptilien haben vier Extremitäten. Schneeflocken sind alle unterschiedlich, haben aber alle sechs Zacken. Bienenwaben sind auch immer sechseckig. Salzkristalle haben stets eine kubische Form. Und Insekten haben sechs und Spinnentiere acht Beine. Alle Pflanzen wachsen nach einer mathematisch bis auf mehrere Stellen hinter dem Komma genau berechenbaren Wachstumsformel. Jede Blümchensorte hat zum Beispiel ihre vorgeschriebene Zahl an Blütenblättchen und diese sind immer so angeordnet, dass sie ein Optimum an Licht einfangen können. Die Köpfchen der Blumen drehen sich dazu immer frontal der Sonne zu und wandern so mit deren Stand am Himmel mit. Tannenzapfen wachsen immer rechtsdrehend von einem Punkt aus. Rankenpflanzen suchen sich um sich drehend einen Halt. Wilde Rosen haben haben in der Regel ein siebengliedriges und Brombeeren ein fünfgliedriges Blatt. Und wenn die kleinen Blättchen sprießen, sehen sie immer schon genauso aus wie ihre großen Geschwister. Der Essigbaum ist dabei in der Blattgröße absoluter Spitzenreiter. Sein Blatt ist fünfundzwanziggliedrig, manchmal sind es auch mehr – bis zu dreiunddreißig. Habe sogar schon mal fünfunddreißig gezählt. Meistens aber eine ungerade Anzahl. Wahrscheinlich wird das Blatt größer, wenn die äußeren Bedingungen zum Wachsen besser sind. Es sieht dabei fast wie ein Palmwedel aus. Ich muss den Baum jedes Jahr beschneiden lassen, er wächst immer wie Unkraut und wird sonst für meinen Garten zu groß.

Die verschiedenen Religionen benennen das Vollkommene, welches wir ständig anstreben, aber nie erreichen, auf der geistigen Ebene unterschiedlich: Vergebung aller Sünden, Paradies, Himmel, Nirvana, ewiges glückliches Leben. Die andere Seite muss es, damit wir die gute überhaupt als solche wahrnehmen können, dann auch geben. Die Christen bezeichnen sie als ewige Verdammnis, Hölle, Tod und personifiziert als Teufel oder Satan. Manche mögen da noch Einiges mehr nennen können.

Hindus und Buddhisten sprechen vom ewigen Kreislauf des Lebens, Und dieser funktioniert, meiner Meinung nach, bei den Menschen im Kleinen dann genauso wie bei den Sternen im Großen. Denn wenn man das Leben von Sternen betrachtet, dann sind sie nach dem Urknall glühende Bälle, die immer kräftiger werden, heller leuchten und die kleineren Stücke aus dem

Urknall um sich scharen. Diese klumpen dann durch die Kraft der Gravitation zusammen und werden zu deren Planeten. Unsere Erde ist auch einer davon. Sie war am Anfang ein feuriger Ball, auf den zu dieser Zeit Milliarden von Meteoriten niederprasselten, welche in Salzkristalle eingeschlossene Wassertropfen und auch Aminosäuren mitbrachten. Die Urbausteine für das Leben auf der Erde. Ein anderer Glücksfall war, dass gerade ein anderer Planet in Kollisionskurs mit der Erde geraten war. Er verdampfte dabei, riss aber ein Stück aus ihr heraus. Hieraus wurde unser ständiger Begleiter, der Mond. Durch seine Anziehungskraft entwickelten sich auf der Erde die Gezeiten von Ebbe und Flut. Und wegen des Zusammenstoßes bekam die Erdachse eine leichte Schrägstellung, welche Jahreszeiten entstehen ließen. Dieser zusätzliche regelmäßig periodische Wechsel von Trocken und Nass zusammen mit dem Wechsel von Wärme und Kälte und der idealen Entfernung von der Sonne bewirkte, dass sich das Leben auf unserem Planeten prächtig entwickeln konnte. Die ideale Größe unseres Planeten mit ihrem passenden Eisenkern, welchen den Erdmagnetismus mit seinen zwei Polen und damit ein vor dem Sonnenwind schützendes Magnetfeld hervorbringt, spielte da ebenfalls eine

Rolle. Etwa 4,6 Milliarden Jahre soll sie jetzt alt sein, sagt man.

Die Sterne/Sonnen sind Kraftwerke, die anfänglich heller und größer und heißer werden. In ihnen ist, innerhalb von mehreren Sternengenerationen, die Materie entstanden, aus der auch wir Lebewesen bestehen. Angefangen hat alles mit dem einfachsten Element, dem Wasserstoff. Irgendwann wird die Kraft der Sterne dann schwächer. Sie versuchen es noch mit größer werden auszugleichen, werden aber schwächer und kälter. Sie scheinen dann nicht mehr hellgelb, sondern rot, werden riesengroß und verschlucken alle Planeten um sich herum. Auch unsere Erde wird dieses Schicksal erleiden. Vielleicht wird sie auch knapp daran vorbeikommen, sie wird dann aber ein glühender Steinklumpen und zu dieser Zeit unbewohnbar sein. Danach wird unsere Sonne kleiner und kleiner und enorm viel dichter in der Masse. Die Farbe wechselt in Weiß. Der Stern explodiert irgendwann, und es entsteht, je nach seiner Größe, aus ihm eine Supernova oder ein schwarzes Loch, welches in sich zusammenfällt. Dieses saugt alles um sich herum auf, sogar das Licht. Irgendwann ist die Masse im schwarzen Loch dann so komprimiert, dass auch dieses explodiert. Durch die Gravitation wird dann ein neues Sonnensystem geboren. Alles beginnt von neuem. Wie Phoenix aus der Asche. Um die neue Sonne sammeln sich deren Reste und verklumpen wieder zu Planeten, die erneut, nachdem sie ihren ihnen gemäß ihrer Gravitation und Energie zustehenden Platz im Sonnensystem gefunden haben, wieder, sich um sich selbst drehend, in festen Bahnen um die neu entstandene Sonne kreisen.

Unsere Milchstraße, auch Galaxie genannt, und es soll unzählige geben, sieht, von außen betrachtet, von der Seite fast wie eine Frisbee-Scheibe aus. Das Hubble-Teleskop hat tolle Aufnahmen von ihr gemacht. Von oben besehen gleicht sie einem Seestern oder Strudel, mit vielen, in eine Richtung (Drehrichtung) gekrümmten, Armen. Und jeder helle Punkt auf einem dieser Arme ist ein Stern/eine Sonne mitsamt ihrem Planetensystem. Dies sind die Sterne, die wir am Nachthimmel sehen. Ein Stern davon ist unsere Sonne. Unsere Galaxie hat, wie nahezu alle anderen auch, in der Mitte ein schwarzes Loch. In unserer Galaxie heißt es Sagittarius A. Schwarze Löcher könnte man mit einem unheimlich starken Staubsauger, der alles, was ihm zu nahe kommt, aufsaugt und verdichtet, sogar das Licht, vergleichen.

Irgendwann ist, im übertragenen Sinn, der „Staubsaugerbeutel" dann aber so voll, dass er platzt; denn es ist ja niemand da, der ihn ausleeren könnte. Heraus kommt eine riesengroße Wolke aus Staub und Materie, welche den Grundstein für eine neue Galaxie bildet. Unzählig viele Galaxien bilden zusammen ein Universum. Und wenn ich nun mein Beispiel von den russischen „Schachtelpüppchen", siehe Seite 187/188, bei denen das Aussehen immer gleich bleibt, lediglich die Größe variiert, – meine Pflanze auf der Fensterbank hat die gleiche Struktur, mit Stämmchen, Ästchen, Zweiglein und Blättern wie die riesengroße Birke im Garten meines Nachbarn –, anwende, dann müsste auch ein Universum in der Struktur so aussehen wie eine Galaxie. Nur, dass sich anstelle der vielen Sterne in den Sonnensystemen jetzt schwarze Löcher mit einer Galaxie drum herum befinden würden. Und in der Mitte wäre dann wohl ein übergroßes, riesiges schwarzes Loch oder auch zwei, welche sich umkreisen. Wenn ein solches dann explodiert, ist es in dieser Dimension wohl so etwas wie ein Urknall.

Alles funktioniert im Universum genauso wie in der Galaxie, nur in einer unheimlich viel größeren Dimension. Und alles dreht sich ständig um die Mittelachse des Universums und um die vielen Mittelachsen der Galaxien, während es dabei durch den Weltraum rast. Vielleicht auch wie in einem Karussell, immer im Kreis herum, so wie in den allerkleinsten Teilchen, die Pro- und Neutronen im und die Elektronen außerhalb des Kerns in einem Atom. Man kann es im Elektronen-Mikroskop betrachten. Es sieht aus wie eine Minisonne mit Planeten drumherum. Falls es nun mehrere Universen geben sollte, müsste man sich alles noch eine Dimension größer fantasieren. Anstelle von den schwarzen Löchern mit den Galaxien herum befänden sich dann ganze Universen. Und in deren Mitte vielleicht ein universales, riesengroßes schwarzes Loch, so etwas wie das übergroße, stille Auge eines Tornados/Hurrikans, oder, für diejenigen mit religiösem Hintergrund, die Wohnstätte der Seelen und des großen Geistes und Schöpfers aller Dinge. In den Religionen wird diese Mitte und diese Kraft von jeder anders benannt.

Auch die Planeten, welche sich um die Sterne/Sonnen aus deren Bruchstücken bilden, durchlaufen, wie die Sonnen, die Galaxien und das Universum/die Universen, ein Leben von Werden und Vergehen. Auf Mars und Venus soll es angeblich in deren Jugendzeit mal Wasser gegeben haben, und vielleicht auch irgendwelche

Lebewesen, und wenn es lediglich nur kleine Mikroorganismen waren. im Alter sind diese Planeten dann zu wüstenartigen Steinklumpen geworden. Und unsere Erde wird wahrscheinlich einmal genauso enden, um dann irgendwann als etwas anderes neu geboren zu werden.

Wir Menschen sind ein klitzekleiner Teil von diesem großen Ganzen und gehen als Materie nie verloren. Sämtliche Materie und Energie wird lediglich immer verändert weitergegeben. Wahrscheinlich ist es das, was man auch als ewiges Leben bezeichnen könnte. Nur, unsere jetzige Zusammensetzung als lebendes Individuum wird sich so wohl nicht wiederholen. Teile von uns werden in einem Baum auftauchen, andere vielleicht in einer Alge, einem Wurm oder sogar in einem Stein. Aus diesem Grund sollten wir alles um uns herum mit Achtung betrachten; denn es gehört zu der Schöpfung, in der wir leben. Sie könnte Teile unserer Vorfahren beinhalten.

Unsere Seele wird nicht aufgeteilt. Zumindest glauben dies die Christen, die ja ein sehr personifiziertes Gottesbild haben, so quasi eine Idealisierung der menschlichen Familie. Sie wird sich ein neues zuhause suchen, denke ich. Jeder von uns hat sicherlich für sich schon einmal festgestellt, dass er sich im Kopf noch wie zwanzig fühlt, lediglich der Körper macht da nicht mehr mit. Er hat im Alter seine „Wehwehchen" oder sogar eine schwere Krankheit, und will nicht mehr so, wie wir es gerne hätten. Dies ist für mich der Beweis, dass unser Bewusstsein/unsere Seele in Bezug auf unseren Körper ein Eigenleben führt. Manche meinen, sie lebe ewig, zumindest, denke ich, in einer anderen Zeitspanne als wir. Vielleicht in dem Zeitraum, in welchem Planeten entstehen und wieder vergehen. Zumindest ist er so groß, dass es unsere Denkkompetenz überschreitet. Ich meine aber, man kann es irgendwie spüren, in welcher Zeitspanne die eigene Seele schon gelebt haben könnte. Ich glaube auch, dass es in jedem Altersstadium nebeneinander alte und junge Seelen auf dieser Welt gibt, dumme, sture, dickköpfige und intelligente und weise. Und es werden auch ständig neue geboren und sterben vielleicht irgendwann einige, um zu etwas Anderem zu werden. Und jede hat wohl die Möglichkeit, in dem Körper, in dem sie gerade steckt, etwas für sich dazuzulernen, um sich zu vervollkommnen. Ich denke, dass sie auch unterschiedlich viele Leben dazu brauchen. Bei den einen geht es schneller und bei den anderen dauert es länger, bis sie Weisheit erlangen. Und ich bin davon überzeugt, dass jedes Lebewesen, vielleicht sogar die gesamte Materie, eine je nach der Art angemessene Seele besitzt, in welcher sich unser Selbst spiegeln kann, wenn wir mit ihr bewusst in Kontakt treten. Kinder sind uns da etwas im Voraus. Im Voraus mit etwas, was wir Erwachsenen wieder vergessen haben.

Ich habe schon immer eine sehr starke Affinität zu der Zeit des Mittelalters, der Renaissance und des Barocks empfunden. Vielleicht war ich dort ja schon mal in irgendeiner Weise aktiv. In der Zeit des Mittelalters ist es die Lebensweise in den Klöstern, die Heilkunst einer Hildegard von Bingen, das viele Wissen in den dortigen Büchern und der Gregorianische Gesang, welcher mich stark berührt. Auch Martin Luther mit der Reformation, die durch die gleichzeitige Erfindung des Buchdrucks erst so richtig möglich wurde. Ebenso Albrecht Dürer, der in seiner Art des fotographisch naturgetreuen Malens besser ist als so manche künstlerisch bearbeitete moderne Fotografie. Und die Musik von Johann Sebastian Bach mit ihrem tänzelnden Wechsel von wie sprühende Aerosole fliegende kleine Dissonanzen, welche sich immer sofort in Harmonien auflösen. Dies hinterlässt bei mir emotional so etwas wie Sehnsucht, welche aber auch sofort wieder durch die Harmonisierung der Töne verschwindet und ein Gefühl von Ruhe und Zufriedenheit erzeugt.

Sehr filigran und zauberhaft schön lässt sich die Musik der Barockzeit für mich mit den Instrumenten Cembalo und Flöte darstellen. Friedrich II. und Prinzessin Amalia von Preußen sollen ja auch begnadete Flötenspieler und auch Komponisten gewesen sein.

Wichtig ist, denke ich, dass man seine Seele vor Verbitterung in jeglicher Form schützt; denn Verbitterung ist wie ein großes schwarzes Loch, welches alles um sich herum aufsaugt und aus dem man nicht mehr herauskommt. Die gleiche Wirkung haben unter anderem Hass, Neid, Eifersucht, Wut, Arroganz und Selbstmitleid, weil sie unser Bewusstsein einengen und negativ fixieren. Man könnte noch einige mehr nennen. Jeder hat da so seine eigenen Schattenseiten. Und ich denke, wir können alle selbst entscheiden, welcher Seite wir mehr Raum geben wollen, der negativen oder der positiven. Immer auch in Bedacht, dass die negative Seite das Selbst zerstört, während die positive es aufbaut und vollkommener machen kann. Sehe ich das Glas „halb leer" oder sehe ich es als „halb voll" an. Die Entscheidung liegt ganz allein bei mir.

Wenn man jedoch auch die Seele als blanke Energie betrachtet, dann wird auch sie in den „großen Kuchenteig" des Universums/der Universen zurückfließen und neu verteilt werden. Jedes Teilchen von uns taucht irgendwo in irgendeiner Form wieder auf. Bei Menschen, die Kinder haben, ist der Weg über das Universum dann nicht so lang. Sie leben unter anderem auch in der DNA ihrer Kinder weiter.

Die Ureinwohner von Amerika/Indianer glauben, dass alles um sie herum, die gesamte Natur mit all ihren Lebewesen und auch die unbelebte Materie, eine Seele hat, welche unsterblich ist. Sie fühlen sich als Menschen nicht als Krönung der Schöpfung, sondern als gleichberechtigter Teil eines großen Ganzen. Und sie behandeln deshalb ihre Umwelt und auch sich selbst mit entsprechender Achtung und Liebe, weil sie meinen, dass die gesamte Natur miteinander verbunden und dementsprechend voneinander abhängig ist. Sie denken, dass so wie sie sie behandeln, gut oder schlecht, behandelt sie sie automatisch auch. Und deshalb, so sagen sie, wenn man von der Natur etwas nimmt, dann muss man ihr auch wieder etwas zurückgeben, damit ihr Gleichgewicht nicht gestört wird. Eine Denkweise, die ziemlich modern und ökologisch nachhaltig ist, finde ich. Der nordwestamerikanische Indianerhäuptling Chief Seattle, soll gesagt haben: „Wenn die Menschen auf die Erde spucken, bespucken sie sich selbst." Und auch: „Erst wenn der letzte Baum gerodet, der letzte Fluss vergiftet, der letzte Fisch gefangen ist, werden die Menschen feststellen, dass man Geld nicht essen kann." Der zweite Satz stammt jedoch aus einer Prophezeiung der kanadischen Cree-Indianer und ist nicht von ihm, aber egal, wer ihn gesagt hat, ich finde, es stimmt. Wir Menschen sollten auch aufhören, untereinander Krieg zu führen, sondern stattdessen besser unser Wohnzimmer/unsere Erde aufräumen, damit wir noch ein bisschen länger auf ihr bleiben dürfen und sie uns nicht rausschmeißt, weil wir sie ausbeuten und wie Messies zumüllen. Das Klima unserer Erde hat sich schon mehrfach geändert und fünfmal hat es im Laufe ihres Daseins ein Massenaussterben gegeben. Wenn wir nicht aufpassen, sind wir Menschen das nächste Mal mit dabei und dann auch noch selbst schuld daran.

Die indigenen Menschen haben sich auch bei jedem Tier, welches sie zum eigenen Überleben erlegen mussten, bei dessen Seele zuvor dafür entschuldigt, und seinen Körper dann bis ins kleinste Detail verwertet. Eine Ähnlichkeit sehe ich bei uns Christen im Tischgebet, in welchem wir uns bei unserem Gott dafür bedanken, dass wir etwas zu Essen haben dürfen. Ich glaube, wir könnten uns, bei unserer Verschwendungssucht, von den Indianern etwas abschauen. Sie haben in ihrer minimalistischen Lebensweise ihre Umwelt sehr geschont und immer nur so viel von ihr genommen, wie sie unbedingt brauchten. Es würde der Zukunft unserer Erde sicherlich helfen, wenn wir ihrer Natur mehr Rechte zur Selbstentfaltung zugestehen würden, anstatt sie ständig zu unserem Vorteil auszubeuten.

Wenn wir all dies beachten, dann betrachten wir uns auch selbst mit mehr positiver Achtung, Selbstachtung und Selbstwert, lebend als unbedeutendes kleines und dennoch ungemein wichtiges Staubkorn von einem Stern, als Teilchen eines Ganzen, in einer unglaublich schönen großen, sich ständig selbst erneuernden Schöpfung. Und wenn wir uns von der Vorstellung von uns als individuelle ganze Person verabschieden können, leben wir in kleinen Materieteilchen verstreut immer wieder irgendwo auftauchend, in dieser Schöpfung auch ewig, da der Tod eines jeglichen Lebewesens immer an anderer Stelle wieder neues Leben hervorbringt.

Der Übergang von unbelebter zu belebter Materie ist wahrscheinlich sowieso fließend. Für mich lebt alles, was in der Lage ist, sich in einem zeitlichen Rahmen selbst zu verändern und zu wandeln oder auf einen Außenreiz, auch chemischer oder physikalischer Art, reagiert oder selbst reagieren kann. So besehen lebt auch meine alte Gartentür, denn durch den Außenreiz des Sauerstoffs wandelt sie gerade ihr Eisen in Rost um.

ENDE

*Wende Dein Gesicht der Sonne zu,
dann fallen die Schatten hinter Dich!*

ANHANG A

Bilder aus meinem „Behinderten-Cartoon-Büchlein"

?

Alfons
Albert

Achtung!
Große Rollstühl-Sondermodell-Schau:

236

Hühü,
ich
komme!

Modell
"Sübmarine"

der
Helicop-rolli
Modell:
"Himmels=
stürmer"

Alfons und das Geschenk:

③

④

ZIRCUS SALTARI
Große Abnormitäten Show!
Er war billiger als ein neuer Löwe ... verbraucht auch nicht so viel Futter!

Modell: "Teutonia Rustikal"

Haaalllooo...

Modell: "Kanada"

①

②

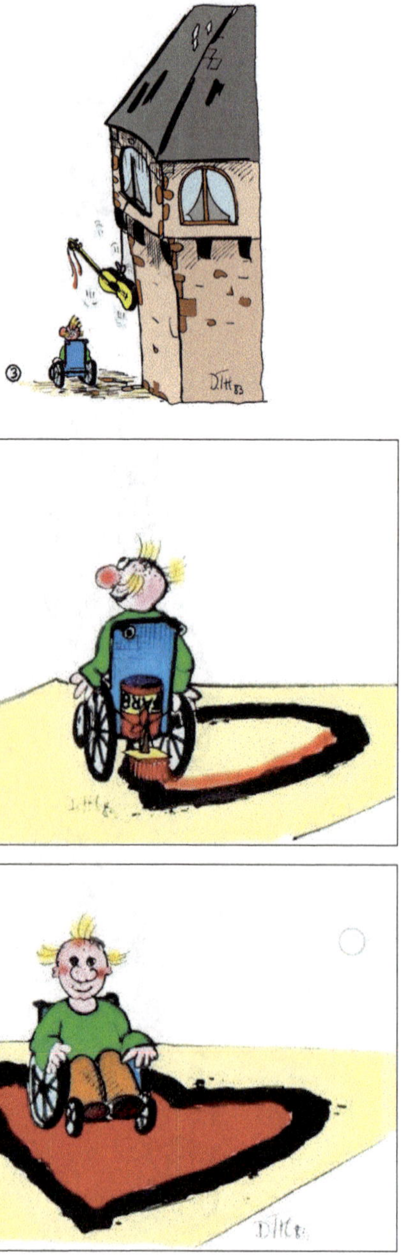

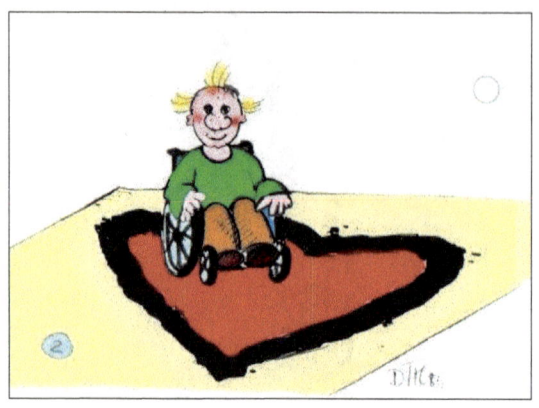

243

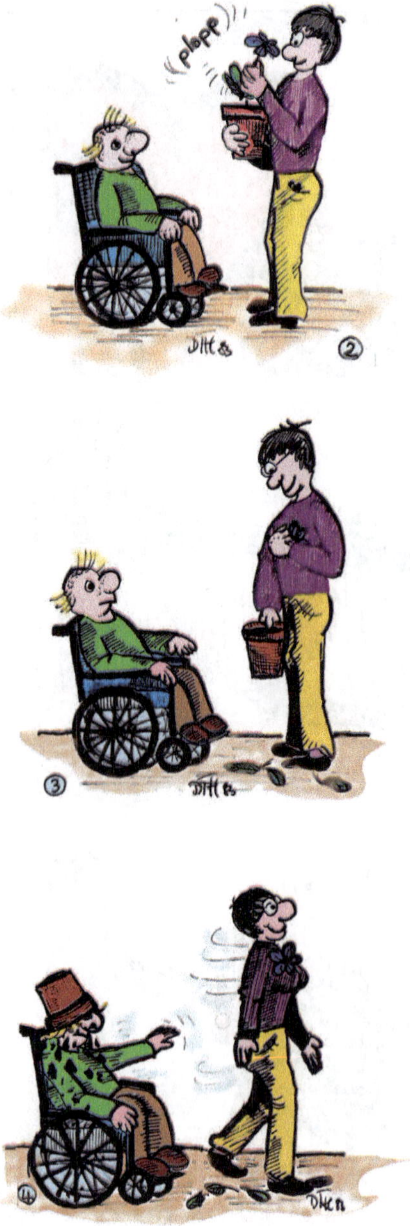
plopp

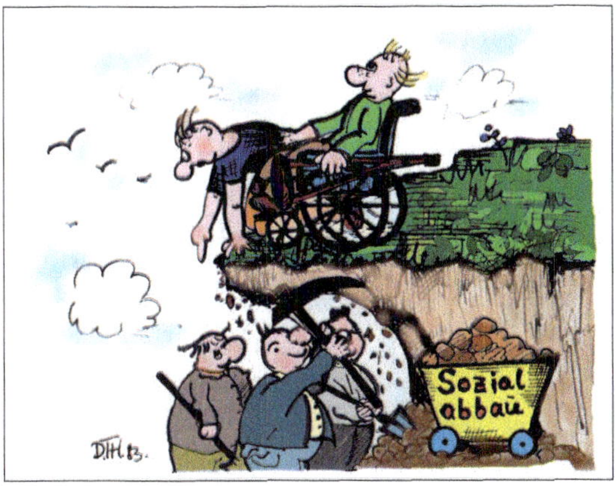
Sozial
abbau

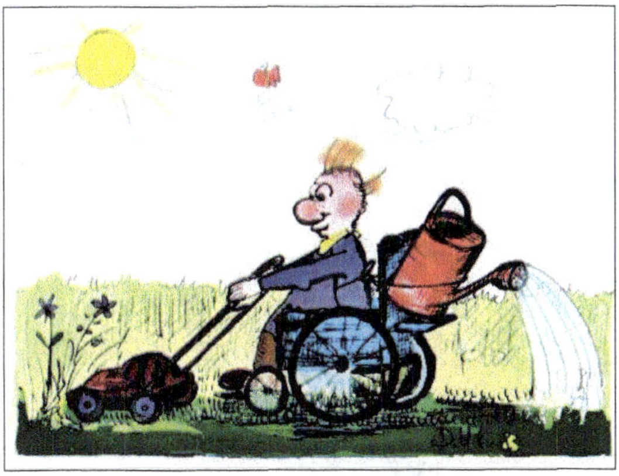

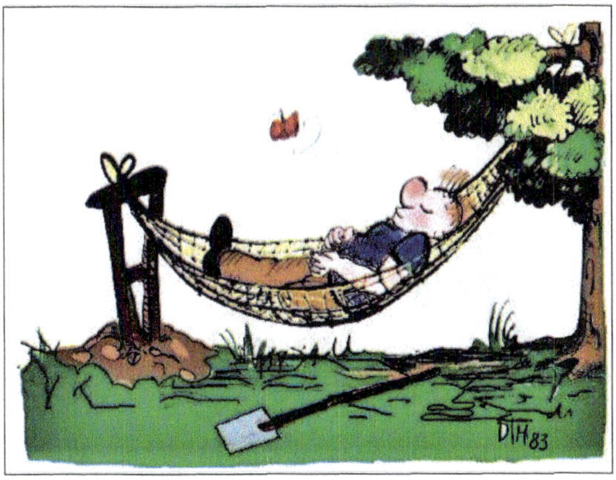

Für Purzelbäume:
das Rollitöhnrad

Für große Sprünge:
Modell "Australien"

Modell "Naūtilūs"

ANHANG B

Aquarelle und sonstige Bilder

Garten-Blumenstrauß

Zur Erinnerung an Wuffie

Zur Erinnerung an Yogi

Schulangst

Melancholie

Wildblumen

Der Wellensurfer

Altes Haus im Schnee

Göttin der Weisheit und Ruhe

Herbstwiese

modernes Kirchenfenster

Fantasielandschaft Südfrankreich

Nacht am See

2x Jerzens, Hochzeiger Pitztal, Tirol

Bild von der Untergasse 13

ANHANG C

Cartoons über diverse Themen

Wege können manchmal weit sein

Aber ich war doch immer meinem Kunibold treu???
(Ostern einmal anders gesehen).

Die Rente kommt in Sichtweite

Wo ist mein Toupet?

Der geistige Arbeiter

**Immer und an jedem Ort
komm ich mit'nem Handy fort!
Kann ich es genießen,
dass die Welt mir liegt zu Füßen.**

Herr Keiners neues Handy

der amerikanische Präsident Trump

Der Weihnachtsmann bringt Geschenke

I am the Boss

Ich bin der Chef

I am the fastest

Ich bin der Schnellste

Das „ordentliche" Büro

Donald Trump und Corona

So kriegt man auch die Wege sauber!

Weihnachten 2020 und 2021?

novum VERLAG FÜR NEUAUTOREN

Bewerten
Sie dieses **Buch**
auf unserer
Homepage!

www.novumverlag.com

Die Autorin

Dorothea Theis wurde 1954 in Marburg geboren. Nach dem Abitur wollte Theis eigentlich den Weg in Richtung Musik und das Lehramt für Religion, Geschichte und Geografie einschlagen. Eine Erkrankung mit darauffolgender Schwerbehinderung machte ihre Pläne zunichte, und sie war darauf angewiesen, eine Stelle als Sachbearbeiterin in der Verwaltung anzunehmen. Privat interessiert sich Theis für Malerei, wissenschaftliche Fernsehsendungen, Schauspiel und natürlich Musik. Dorothea Theis lebt in Marburg in ihrem Elternhaus.

novum VERLAG FÜR NEUAUTOREN

Der Verlag

*„ Wer aufhört
besser zu werden,
hat aufgehört
gut zu sein!*

Basierend auf diesem Motto ist es dem novum Verlag ein Anliegen neue Manuskripte aufzuspüren, zu veröffentlichen und deren Autoren langfristig zu fördern. Mittlerweile gilt der 1997 gegründete und mehrfach prämierte Verlag als Spezialist für Neuautoren in Deutschland, Österreich und der Schweiz.

Für jedes neue Manuskript wird innerhalb weniger Wochen eine kostenfreie, unverbindliche Lektorats-Prüfung erstellt.

Weitere Informationen zum Verlag und
seinen Büchern finden Sie im Internet unter:

www.novumverlag.com

FÜR DEN LESER ZUM AUSSCHNEIDEN

Lesezeichen für:

Viel Freude beim Lesen wünscht die Autorin!